MERIAN *live!*

DRESDEN

Kerstin Sucher, aufgewachsen in Meißen, und **Bernd Wurlitzer**, geboren in Zwickau, sind zwei waschechte Sachsen. Dresden kennen die heute in Berlin lebenden Reisejournalisten seit ihrer Kindheit (www.tourismus-journalisten.de).

	Familientipps		Umweltbewusst Reisen
	Barrierefreie Unterkünfte		FotoTipp
	Hunde erlaubt		Faltkarte

Preise für ein Doppelzimmer mit Frühstück:
€€€€ ab 150 €   €€€ ab 120 €
  €€ ab 100 €   € bis 100 €

Preise für ein Hauptgericht ohne Getränke:
€€€€ ab 25 €   €€€ ab 18 €
  €€ ab 12 €   € bis 12 €

INHALT

Willkommen in Dresden 4

MERIAN TopTen
Höhepunkte, die Sie sich nicht entgehen lassen sollten ... 6

MERIAN TopTen 360°
Hier finden Sie sich schnell zurecht 8

MERIAN Tipps
Tipps, die Ihnen unbekannte Seiten der Stadt zeigen ... 16

Zu Gast in Dresden 20

Übernachten 22
Essen und Trinken 26
Einkaufen 34
Am Abend 40
Familientipps 46

◀ Luftiger Barock: Blick in die Kuppel der Frauenkirche (▶ S. 58).

Unterwegs in Dresden — 50

Sehenswertes — 52
Von Albertinum und Frauenkirche über Residenzschloss und Semperoper bis Zwinger
Museen und Galerien — 78
Von Buchmuseum und Gemäldegalerie Alte Meister über Grünes Gewölbe bis Verkehrsmuseum

Spaziergänge und Ausflüge — 92

Spaziergänge
Brühlsche Terrasse — 94
Weißer Hirsch — 97
Der Große Garten — 100
Ausflüge
Kulturlandschaft Moritzburg — 102
Panoramafelsen Bastei — 104
Weinort Radebeul — 106
Porzellanstadt Meißen — 108

Wissenswertes über Dresden — 110

Auf einen Blick — 112
Geschichte — 114
Reisepraktisches von A–Z — 116
Orts- und Sachregister — 124
Impressum — 128

Karten und Pläne

Dresden — Klappe vorne
Verkehrslinienplan — Klappe hinten
Zwinger — 77
Brühlsche Terrasse — 95
Weißer Hirsch — 97
Der Große Garten — 100
Dresden und Umgebung — 107
Meißen — 109
EXTRA-KARTE ZUM HERAUSNEHMEN — Klappe hinten

Willkommen in Dresden

Die Elbstadt trumpft auf mit Museen voller Schätze und Prachtbauten, dazu einer Musik- und Theaterszene von seltener Vielfalt.

In Dresden fühlt man sich wohl! Denn Sachsens Landeshauptstadt hat all das zu bieten, was man dafür braucht: Kunst, Architektur, Kultur und viel Natur. Dazu kommen schicke Restaurants und trendige Kneipen, Flaniermeilen mit eleganten Geschäften und Parks, in denen schon die Wettiner mit ihren Gästen promenierten.

Kultur und Natur

Und dann ist da noch die Elbe, nicht von Häusern verdeckt, sondern von breiten Wiesen gesäumt. Sie kommt von einer fantastischen Felsenwelt, dem Elbsandsteingebirge, die als Sächsische Schweiz berühmt wurde, und fließt weiter nach Meißen, wo das weltbekannte Porzellan, eine Dresdner Erfindung, entsteht. Die Dresdner rühmen sich, eine der schönsten Umgebungen aller deutschen Großstädte zu haben. Wer will ihnen da widersprechen? Wo klettern schon an der Stadtgrenze Weinstöcke die Hügel empor?

Das Elbtal ist so schön, dass es die UNESCO in seine Welterbeliste aufnahm. 2009 bekam die herausragende Kulturlandschaft jedoch das Gütesiegel entzogen. Schuld ist die Waldschlösschenbrücke, ein gigantischer Bauklotz, der über die idyllischen Elbwiesen gewuchtet wird und eins der berühmtesten Stadtpano-

◄ Der Zwinger – Meisterstück des deutschen Barocks (▶ MERIAN TopTen, S. 76).

ramen Deutschlands verstellt. Die meisten Dresdner scherte der Welterbetitel wenig, in einem Bürgerentscheid hatten sie sich für den Bau der Brücke entschieden. »So viel Gemähre weeschen eener Brigge« konnten sie nicht verstehen. Sie möchten in keinem Museum zu Hause sein, sondern in einer lebendigen Stadt, rasch von einer Elbseite zur anderen kommen, zur Arbeit, zur Wohnung oder in die Stammkneipe. Irgendwie spricht viel Selbstbewusstsein aus ihrer Haltung. Die Dresdner wissen um die Schätze, die sie haben, und dass man weiterhin aus aller Welt deretwegen zu ihnen an die Elbe kommt. Ob mit Welterbestatus oder ohne.

Pracht in Hülle und Fülle

Die Gäste eilen zu den Smaragden, Diamanten und Rubinen, wollen sie glitzern und funkeln sehen, denn in dieser Pracht ist das nur in Dresdens Grünem Gewölbe möglich, in der reichsten Schatzkammer Europas. Und sie möchten das Bild bestaunen, das sich die Mönche des Klosters San Sisto zu Piacenza von den Aufkäufern August des Starken abschwatzen ließen: die Sixtinische Madonna in der Gemäldegalerie Alte Meister, der Star Dresdens. »Was heißt hier der Star?«, sagen die Einheimischen, »davon haben wir mehr als genug.« Sie spielen nicht nur auf die Schätze im Grünen Gewölbe an und die berühmten Gemälde, sie meinen auch die Kathedrale, den Zwinger, die Frauenkirche. All die Prachtbauten aus Sandstein, die nach dem Bombenhagel im Februar 1945 wieder entstanden sind.

Stadt voller Kontraste

Mit den pflastermüde gewordenen Beinen sinkt man abends in einen der Sessel der berühmten Semperoper – sofern man eine Karte ergattern konnte. Wem der Sinn nicht nach Kultur steht – die es in Dresden in großer Vielfalt gibt –, der spaziert in die Äußere Neustadt, das Szeneviertel, in dem Einheimische, Studenten und Touristen sich einmütig an Tischen oder Bartresen zusammenfinden. Hier lernt man die sächsische Gemütlichkeit kennen. Andere haben sich ein vornehmes Restaurant ausgewählt und lassen sich kulinarisch verwöhnen. Museumsmüde? Kein Problem. Wie wär's mit einem Spaziergang durch das größte historische Villenviertel Deutschlands, das sich von Striesen über Blasewitz bis zum Weißen Hirsch erstreckt? Architekturgeschichte des 19. Jh. – eingebettet in Parks und Gärten. Oder mit einer Schaufelraddampfer-Fahrt auf der Elbe – einem der Oldtimer, wie man sie ansonsten nur aus historischen Filmen kennt – hinein in die Sächsische Schweiz, bis Pillnitz oder gar bis Bad Schandau.

Gibt es eigentlich etwas, das Dresden nicht hat? Oh ja, das gibt es. Fragt man einen Dresdner nach dem Zentrum seiner Stadt, wird er zwar nicht verlegen, aber er muss die Antwort schuldig bleiben. Ein richtiges Zentrum besitzt die Stadt nicht. Links der Elbe die Altstadt mit Altmarkt und Neumarkt, rechts die Neustadt mit Neustädter Markt und Albertplatz, an beiden kleben viele Ortsteile, die einst Dörfer waren. Aber auch ohne Zentrum und Welterbestatus – Dresden gehört zu den schönsten Städten Europas. Es ist eine Stadt zum Wohlfühlen, eine Stadt zum Erleben.

MERIAN TopTen

MERIAN zeigt Ihnen die Höhepunkte der Stadt: Das sollten Sie sich bei Ihrem Besuch in Dresden nicht entgehen lassen.

August der Starke und sein Nachfolger sind überall in der Stadt präsent, zu den Besucherfavoriten gehören der Zwinger sowie unzählige Kunstschätze, die uns die Wettiner hinterlassen haben. In die Rangliste der TopTen haben sich auch die Raddampferflotte und das Blaue Wunder geschoben. In jüngster Zeit stahl die 1945 in sich zusammengestürzte Frauenkirche allen anderen die Show, weil sie aus den Ruinen wieder aufgebaut wurde.

MERIAN TopTen 360°

Damit Sie sich vor Ort schneller orientieren können, finden Sie zu ausgewählten MERIAN TopTen auf den folgenden Seiten Umgebungskarten mit Restaurant-, Einkaufsempfehlungen und Tipps für weitere Sehenswürdigkeiten.

MERIAN TopTen

1 Blaues Wunder
Dresdens berühmteste Elbbrücke hat Kultstatus (▸ S. 55).

2 Brühlsche Terrasse
Der »Balkon Europas« bietet einen zauberhaften Blick über die Elbe auf die Neustadt (▸ S. 56, 94).

3 Frauenkirche
Die Kuppel des aus Trümmern wiedererstandenen Sakralbaus prägt erneut die Altstadtsilhouette (▸ S. 58).

4 Raddampfer auf der Elbe
Die älteste Raddampferflotte der Welt startet vom Terrassenufer (▸ S. 68).

5 Schloss und Park Pillnitz
Die Sommerresidenz des Dresdner Hofes am Ufer der Elbe (▸ S. 72).

6 Semperoper
Das Opernhaus mit seiner exzellenten Akustik gehört zu den renommiertesten Musiktheatern des Kontinents (▸ S. 73).

7 Zwinger
Eines der schönsten Barockensembles Europas (▸ S. 76).

8 Gemäldegalerie Alte Meister
Den Glanzpunkt der Sammlungen bildet Raffaels »Sixtinische Madonna« (▸ S. 82).

9 Grünes Gewölbe
Hier glitzert und funkelt, was die Wettiner in Jahrhunderten zusammengetragen haben (▸ S. 83).

10 Moritzburg
Reizvolle von Menschenhand geschaffene Kulturlandschaft rund um das Jagdschloss (▸ S. 102).

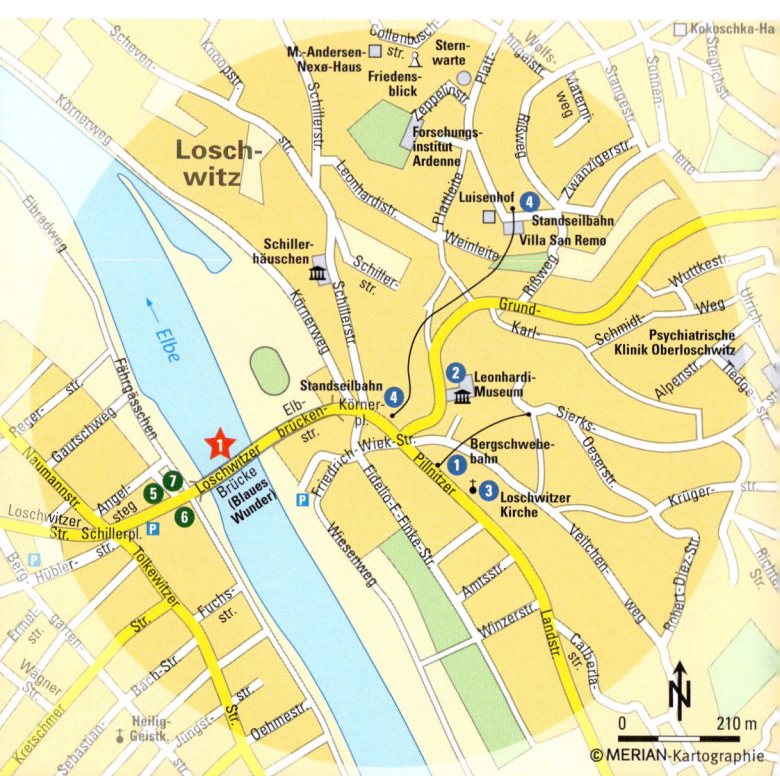

360° Um das Blaue Wunder

MERIAN TopTen

1 Blaues Wunder
Dresdens berühmteste Brücke, einst ein ingenieurtechnisches Meisterwerk, verbindet Blasewitz mit Loschwitz (▶ S. 55).

SEHENSWERTES

1 Bergschwebebahn
In fünf Minuten bergauf oder bergab zwischen Loschwitz und Oberloschwitz mit der weltweit ältesten Schwebebahn (▶ S. 55).
Pillnitzer Landstr. 5, Sierksstraße

2 Leonhardi-Museum
Die Städtische Galerie im Loschwitzgrund zeigt zeitgenössische Kunst und Werke von Eduard Leonhardi (▶ S. 86).
Grundstr. 26

3 Loschwitzer Kirche
Die kleine Schwester der Frauenkirche mit dem Nosseni-Altar aus der Sophienkirche steht als barocker Zentralbau neben der Talstation der Bergbahn (▶ S. 55).
Pillnitzer Landstr. 7

④ Standseilbahn
Dresden besitzt die letzte Bahn dieser Art. Von Loschwitz geht es zum Villenviertel Weißer Hirsch und wieder zurück (▸ S. 73).
Körnerplatz 5, Bergbahnstraße

ESSEN UND TRINKEN
⑤ Café Toscana
Die Torten und Kuchen sind legendär. Man sollte Geduld mitbringen, denn es dauert oft etwas, bis ein Platz frei wird (▸ S. 33).
Schillerplatz 7

⑥ Schillergarten
Eine der beliebtesten Gaststätten der Stadt. Im Biergarten mit Blick auf die Elbe finden bis zu 1000 Gäste Platz (▸ S. 32).
Schillerplatz 9

⑦ Villa Marie
Restaurant mit mediterranem Ambiente, Terrasse und Garten in einer Villa aus dem 19. Jh. Serviert wird eine frisch zubereitete italienische Küche (▸ S. 29).
Fährgässchen 1

360° Von der Elbe zum Neumarkt

MERIAN TopTen

2 Brühlsche Terrasse
Der »Balkon Europas« glänzt mit historischen Bauwerken, zahlreichen Denkmälern und einem herrlichen Blick über die Elbe auf die Neustadt (▸ S. 56, 94).

3 Frauenkirche
Aus einer Weltkriegsruine als Symbol der Versöhnung 1994 bis 2005 im alten barocken Glanz wiedererstanden (▸ S. 58).
Neumarkt

4 Raddampfer auf der Elbe
Die älteste Raddampferflotte der Welt mit der 1926 gebauten »Dresden« als Flaggschiff startet vom Terrassenufer (▸ S. 68).
Terrassenufer

SEHENSWERTES

1 Festung Dresden
Unter der Brühlschen Terrasse verbergen sich Dresdens älteste Gewölbe mit dem letzten erhaltenen Stadttor (▸ S. 81).
Georg-Treu-Platz 1

② Galerie Neue Meister/ Skulpturensammlung
Zwei bedeutende Sammlungen teilen sich die Räumlichkeiten im gewaltigen Vierflügelbau des Albertinums (▸ S. 81, 90).
Brühlsche Terrasse

③ Verkehrsmuseum Dresden
Eine Zeitreise durch die Geschichte des Verkehrs auf Schiene, Straße, Wasser und in der Luft erlebt man im Johanneum (▸ S. 91).
Augustusstr. 1

ESSEN UND TRINKEN

④ Grand Café Coselpalais
Café und Restaurant mit köstlichen Torten, Kaffeespezialitäten vieler Länder und einer leichten deutsch-französischen Küche in barockem Ambiente (▸ S. 28).
An der Frauenkirche 12

EINKAUFEN

⑤ Sächsische Vinothek
Weine, Liköre, Brände und Sekt in großer Auswahl (▸ S. 39).
Salzgasse 2

360° Schloss und Park Pillnitz

MERIAN TopTen

5 Schloss und Park Pillnitz
Sommerresidenz des sächsischen Königshauses am Elbufer. Im barocken Lustgarten finden sich seltene Pflanzen (▶ S. 72).
August-Böckstiegel-Str. 2

SEHENSWERTES

1 Kunstgewerbemuseum
Prachtvolle Arbeiten aus Glas, Keramik, Textilien, Leder, Metall und Holz (▶ S. 85).
Im Berg- und Wasserpalais

2 Schlossmuseum Pillnitz
Zu bestaunen sind Fest- und Speisesaal, die königliche Hofküche sowie die reich ausgestattete Katholische Kapelle (▶ S. 90).
Im Neuen Palais

3 Weinbergkirche
August der Starke ließ das barocke, von Weinreben eingerahmte Dorfkirchlein erbauen. Heute finden dort zahlreiche Veranstaltungen statt (▶ S. 75).
Bergweg 3

ESSEN UND TRINKEN

④ Einkehr am Palmenhaus
Auf den Tisch kommt eine deftige und leckere sächsische Hausmannskost aus frischen regionalen Produkten (▶ S. 30).
Orangeriestr. 11

⑤ Wintergarten-Café
Tagsüber gibt es sächsische Spezialitäten und Kuchen aus der hauseigenen Konditorei, abends saisonale Bistroküche (▶ S. 30).
August-Böckstiegel-Str. 10

EINKAUFEN

⑥ Ladenpassage Fliederhof
Kleine Geschäfte für Souvenirs, Kunsthandwerk und Antiquitäten. Anschließend lockt die Chocolaterie zur Einkehr (▶ S. 38).
Im Neuen Palais

⑦ Sächsische Töpferinnung
Traditionelles Geschirr und Steinzeug: Gut zwei Dutzend Töpfer und Keramiker Sachsens bieten ihre Erzeugnisse an (▶ S. 37).
Im Bootskeller an der Freitreppe

360° Theaterplatz

MERIAN TopTen

6 Semperoper
Das nach ihrem Erbauer benannte Opernhaus genießt Weltruf und ist Heimstätte der Sächsischen Staatskapelle (▶ S. 73).
Theaterplatz 2

7 Zwinger
Eines der schönsten Barockensembles Europas mit Nymphenbad, Glockenspiel und zahlreichen Kunstschätzen (▶ S. 76).
Theaterplatz 1

8 Gemäldegalerie Alte Meister
Ein Muss für Kunstinteressierte! Hier sind Werke von Weltruhm zu bestaunen, den Glanzpunkt bildet Raffaels »Sixtinische Madonna« von 1512/1513 (▶ S. 82).
Theaterplatz 1

9 Grünes Gewölbe
Im Historischen und im Neuen Grünen Gewölbe funkeln die prachtvollen Schätze des sächsischen Königshauses (▶ S. 83).
Taschenberg 2

SEHENSWERTES

1 Kathedrale St. Trinitatis
Sachsens größte Kirche beherbergt neben einer kostbaren Ausstattung die Grablege des Wettiner Herrscherhauses (▶ S. 64).
Schlossstr. 24

2 Porzellansammlung
Sammlung von internationaler Bedeutung mit frühem Meissener und ostasiatischem Porzellan aus dem 17. und 18. Jh. (▶ S. 89).
Sophienstraße

3 Taschenbergpalais
Das einstige Palais der Gräfin Cosel wandelte sich in ein Luxushotel, in dem heute Staatsgäste und Prominente logieren (▶ S. 74).
Taschenberg 3

ESSEN UND TRINKEN

4 Italienisches Dörfchen
Das beliebte Restaurant an historischer Stätte serviert italienische und sächsische Küche in verschiedenen Gastsälen (▶ S. 28).
Theaterplatz 3

MERIAN Tipps

Mit MERIAN mehr erleben. Tauchen Sie ein in das Leben der Stadt und entdecken Sie Dresden, wie es nur Einheimische kennen.

⭐ Restaurant William   B 3

Das William ist Restaurant, Bar und Lounge zugleich, es befindet sich im Schauspielhaus. Doch auch ohne Theaterbesuch werden Gäste verwöhnt. Das moderne Lokal ist für all jene das Richtige, die eine saisonale und ungeschminkte Küche mögen. Klassische Gerichte werden modern interpretiert, manches, das irgendwie vergessen worden war, wird wiederbelebt. Wer nur einen Snack mag, bestellt Currywurst mit Graubrot. Zubereitet werden die Speisen unter der Regie von Küchenchef Marcel Kube. Doch dahinter steht Stefan Hermann, der sich mit seinem Restaurant bean & beluga auf dem Weißen Hirsch einen Michelin-Stern erkocht hat und sich mit dem William einen Herzenswunsch erfüllte.

Wilsdruffer Vorstadt/Seevorstadt-West • Theaterstr. 2 • Straßenbahn: Postplatz • Tel. 65 29 82 20 • www.restaurant-william.de • Mo–Fr 11–23, Sa, So 10–23 Uhr

Elbeflohmarkt   D 2

Schnäppchenjäger und Antiquitätenliebhaber wühlen hier oft stundenlang. Sie begutachten alte Knöpfe und Schmuck, Bücher, Schallplatten und Vasen. Zu manchem Artikel können die Anbieter interessante Geschichten erzählen. Dresdens größter und bekanntester Flohmarkt lädt jeden Samstag von 8 bis 14 Uhr zum Stöbern und Wühlen ein, bis zu 600 Händler haben Trödel und Antikes an der Albertbrücke ausgebreitet.
Johannstadt • Käthe-Kollwitz-Ufer • Straßenbahn: Sachsenallee • www.elbeflohmarkt.de

Neustädter Markthalle   C 2

Die Dresdner lieben das Einkaufsflair wie vor 100 Jahren, das ihnen ihre Neustädter Markthalle auf vier Etagen bietet. Entstanden waren die Hallen um 1900, als man das Marktgeschehen aus dem Freien hierher verlagerte. Der Gebäudekomplex entstand nach den Zerstörungen im Zweiten Weltkrieg schrittweise wieder im alten Glanz – mit schmiedeeisernen Geländer, verzierten Eisentreppen und stimmungsvollen Gründerzeitlaternen. Wenn Touristen in die zentral gelegene Einkaufsstätte schauen, dann meist wegen deren Geschichte und Architektur. Doch viele können den ofenfrischen Backwaren, dem regionalen Käse oder dem Wein aus dem Elbtal nicht widerstehen.
Innere Neustadt • Metzer Straße • Straßenbahn: Neustädter Markt • www.markthalle-dresden.de

Auf Rollen durch die Stadt   C 3

Ein besonderes Event vereint von Ende April bis Oktober jeden zweiten Freitag Dresdner und ihre Gäs-

te: Auf Rollen durch die Stadt jagen! Das erfolgt auf wechselnden Strecken zwischen 15 und 25 km. Ordner begleiten den Pulk, der Autoverkehr wird vorübergehend gesperrt, ein Musikmobil ist auch dabei. Bis zu 3000 Skater sind rund 2 Std. unterwegs, gestartet wird 21 Uhr an der Halfpipe an der Lingner Allee gegenüber dem Rathaus.
www.nachtskatendresden.de

Kneipenrundgang   C 2

Sich in der Kneipenszene der Neustadt zurechtzufinden, ist auch für Dresdner kaum möglich. Weit über 150 Bars, Pubs und Restaurants haben hier ihre Türen geöffnet, manche in Hinterhöfen. Einige existieren nur wenige Monate, an-

dere gibt es schon seit Jahren. Auf der Tour lernt man einige der Kneipen kennen. In mindestens zwei der Bars wird eingekehrt. Gestartet wird täglich um 21 Uhr am Artesischen Brunnen am Albertplatz.
Voranmeldung unter Tel. 01 72/7 81 50 07 • www.nightwalk-dresden.de • Preis 15 € • Dauer 3 Std.

6 Bunte Republik Neustadt
C/D 1

Gaukler und Musikanten, Theatergruppen und Trödelmärkte an allen Ecken. Die Innere Neustadt gleicht am dritten Juniwochenende einem Ameisenhaufen. 1990, genau eine Woche vor dem Einzug der West-Mark in der DDR, wurde in der Inneren Neustadt eine eigene Republik proklamiert, eine provisorische Regierung gebildet und eigenes Geld in Umlauf gebracht. Die Grenzen der kleinen Bunten Republik Neustadt wurden auf den Straßen weiß markiert, sie umfassten das Karree Bautzener Straße, Königsbrücker Straße, Bischofsweg und Prießnitzstraße – heute steigt hier das alternative Fest.
3. Juniwochenende • www.brn-dresden.de

7 Elbwiesen
C 3–H 2

Vor allem am Wochenende ziehen viele Dresdner mit dem Fahrrad Richtung Elbe, im Gepäck eine Decke und ein kleiner Grill. Auf den Elbwiesen macht man es sich dann zum Picknick gemütlich, genießt die Sonne und die Landschaft. Zu sehen gibt es immer etwas, etwa die Raddampfer auf dem Fluss und die Radler auf dem Elbradweg. Die bis zu 400 m breiten Elbwiesen stehen unter Landschaftsschutz, Schafe halten das Gras kurz. Sind die Bratwürste und Steaks verspeist, begibt man sich gern in Richtung Blaues Wunder.

MERIAN Tipps

8 Kreuzchor-Vespern B 3

Einen musikalischen Hochgenuss hält Dresden am Samstag um 17 Uhr bereit (außer in den sächsischen Sommerferien): die Vespern des berühmten Kreuzchores. Der Knabenchor, einer der ältesten der Welt, ist bereits in Chroniken des 14. Jh. verzeichnet. In seinem Mittelpunkt steht die Pflege der geistlichen und weltlichen A-cappella-Musik. Im Chor singen etwa 150 Kruzianer.
Altstadt • Kreuzkirche • www.kreuzchor.de • Sa 17 Uhr (außer in den sächsischen Sommerferien)

9 St.-Pauli-Ruine nördl. C 1

Musiktheater, Komödie, Konzerte, Satire und Schauspiel, aber auch Lesungen sowie einen Kunst- und Trödelmarkt vereint die St.-Pauli-Ruine, Dresdens wohl ungewöhnlichster und romantischster Veranstaltungsort. Die Weihe der St.-Pauli-Kirche, in der mehr als 1000 Menschen Platz fanden, erfolgte 1891, 1945 brannte die dreischiffige Hallenkirche durch Bombenabwürfe völlig aus. Nach zwölf Jahren Spielzeit unter freiem Himmel bekam die Ruine im Jahr 2012 schließlich ein Glasflachdach sowie eine Seitenverglasung.
Neustadt • Königsbrücker Platz 1 • Straßenbahn: Bischofsweg oder Tannenstraße • www.pauliruine.de

10 Schätze im Buchmuseum B 6

Das abseits der Touristenmeilen liegende Buchmuseum suchen interessierte Einheimische öfter auf. Das Haus verfügt über enorme Schätze, die in regelmäßigen Sonderausstellungen gezeigt werden. Die wertvollsten bewahrt man in der Schatzkammer auf, darunter die am besten erhaltene der vier Handschriften der Mayas, der Ureinwohner Mittelamerikas. Die im 13. Jh. entstandene Schrift besteht aus 39 doppelseitig beschriebenen Blättern mit einer Länge von 3,56 m. Von den etwa 750 Zeichen konnten bislang allerdings nur wenige entziffert werden.
Zu sehen sind außerdem autographe Partituren von Carl Maria von Weber, Robert Schumann und Richard Wagner sowie ein Skizzenbuch Dürers. Manch ein Exponat ist so wertvoll, dass es Interessenten erst präsentiert wird, wenn zuvor ein telefonischer Kontakt mit dem Sicherheitsdienst der Bibliothek aufgenommen wurde.
Südvorstadt-Ost • Zellescher Weg 18 • Straßenbahn: Zellescher Weg, Bus: Staats- und Universitätsbibliothek • Tel. 4 67 75 80 • www.slub-dresden.de • Sonderausstellung Mo–Sa 10–18 Uhr, Schatzkammer Mo–Fr 10–17 Uhr, Zimelienzimmer Mo–Fr 10–17 Uhr (beim Sicherheitsdienst im Erdgeschoss melden) • Eintritt frei

Terrassencafé auf dem rund 500 m langen »Balkon Europas«,
der Brühlschen Terrasse (▶ MERIAN TopTen, S. 56) am Elbufer.

Zu Gast in **Dresden**

In Dresden kann man angenehm wohnen, gut speisen, geruhsam shoppen, exzellente Musik- und Theateraufführungen genießen und abschließend den Abend stimmungsvoll ausklingen lassen.

Übernachten

Dresden hat für jeden seiner Gäste die passende Unterkunft zu bieten: vom eher zweckmäßigen Zimmer bis zur eleganten Kronprinzensuite mit allem nur erdenklichen Komfort.

◀ Im Kempinski Taschenberg Palais (▶ S. 23) trifft Neu auf Alt.

In Dresden kann man sehr angenehm wohnen. Die Stadt hat für jeden die passende Unterkunft: Luxushotel und gemütliche Pension, beste Citylage oder Stadtrand. Mehr als 20 000 Betten stehen in rund 180 Hotels und Pensionen bereit, immer mehr von ihnen offerieren Nichtraucherzimmer. Dazu kommen Hunderte von Betten in der nahen Umgebung. Die Zimmerpreise variieren je nach Jahreszeit und Auslastung.

City oder Stadtrand

Wer gleich mitten im Geschehen sein möchte, Taxifahrten, Parkplatzsuche oder öffentliche Verkehrsmittel nicht mag, bucht in einem Hotel der Alt- oder der Neustadt, von denen man die meisten Sehenswürdigkeiten fußläufig erreicht. Möchte man dagegen Kunst und Kultur mit Natur verbinden, dann ist ein Haus am Stadtrand das Richtige. Ein Hotelleitsystem mit vier verschiedenfarbigen Schildern führt durch die Stadt. Bei der Hotelauswahl hilft die Touristeninformation, Buchungen über www.dresden.de/tourismus.

Preise für ein Doppelzimmer mit Frühstück:
€€€€ ab 150 € €€€ ab 120 €
€€ ab 100 € € bis 100 €

HOTELS €€€€

Kempinski Taschenberg Palais　　　　　B 3

Fürstlich wohnen • Das barocke Bauwerk am Zwinger, einst eine Liebesgabe August des Starken an seine Mätresse Gräfin Cosel, wurde zum Luxushotel umgestaltet.
Innere Altstadt • Taschenberg 3 • Straßenbahn oder Bus: Postplatz, Straßenbahn: Theaterplatz • Tel. 4 91 20 • www.kempinski-dresden.de • 182 Zimmer, 32 Suiten • ♿ • 🐾 • €€€€

Steigenberger de Saxe 🍴　　B 3
Vortrefflich • Komfort und guter Service, dazu eine tolle Lage: Das Haus liegt direkt an der Frauenkirche und auch Schloss, Zwinger und Brühlsche Terrasse sind in nur wenigen Schritten zu erreichen.
Innere Altstadt • Neumarkt 9 • Straßenbahn: Altmarkt oder Theaterplatz • Tel. 4 38 60 • www.desaxe-dresden.steigenberger.de • 192 Zimmer • ♿ • 🐾 • €€€€

Swissôtel Dresden am Schloss　　　　　B 3
Ruhig und modern • Eine Mischung aus Schweizer Gastfreundschaft und sächsischer Herzlichkeit: Stilvoller Luxus und Komfort sowie die Toplage im Barockviertel lassen den Aufenthalt im Swissôtel zum Erlebnis werden. Die individuell geschnittenen Zimmer in außergewöhnlichem Design bieten Zubereitungsmöglichkeiten für Heißgetränke und Gratis-Internetzugang. Besonders originell präsentiert sich der Wellnessbereich im historischen Kellergewölbe.
Innere Altstadt • Schlossstr. 16 • Straßenbahn oder Bus: Postplatz, Straßenbahn: Theaterplatz • Tel. 5 01 22 00 • www.swissotel.com/dresden • 235 Zimmer und Suiten • 🐾 • ♿ • €€€€

HOTELS €€€

Dorint 🍴　　　　　　　　C 3
Zentral und komfortabel • Modernes Hotel nahe der wieder aufgebauten Frauenkirche, das auch an-

spruchsvolle Gäste zufriedenstellt. Schöner Bonus: die große Badelandschaft mit Innenpool.
Altstadt • Grunaer Str. 14 • Straßenbahn: Deutsches Hygiene-Museum • Tel. 4 91 50 • www.dorint.com/dresden • 244 Zimmer • ♿ • 🐕 • €€€

Innside by Melia   C 3
Designhotel • Alle Sehenswürdigkeiten sind zu Fuß schnell erreichbar. Hunderte historische Dresden-Fotos zieren das Haus. Wer etwas Besonderes möchte, bucht eines der Maisonette-Ateliers.
Innere Altstadt • Salzgasse 4 • Straßenbahn: Altmarkt • Tel. 79 51 50 • www.solmelia.com • 180 Zimmer • ♿ • 🐕 • €€€

Martha   C 2
Zeitgemäßer Standard • Traditionsreiches Hotel mit christlicher Vergangenheit im Barockviertel. Betten mit verstellbaren Kopf- und Fußteilen, Frühstücksrestaurant im Biedermeierstil und Wintergarten.
Innere Neustadt • Nieritzstr. 11 • Straßenbahn: Bahnhof Neustadt • Tel. 8 17 60 • www.hotel-martha-dresden.de • 50 Zimmer • €€€

Seaside Gewandhaus Hotel   C 3
Luxuriöse Wohlfühlatmosphäre • Barockes Flair und moderner Zeitgeist vereinen sich in dem historischen Haus, das nach umfassender Renovierung im April 2015 unter einem neuen Besitzer als Boutiquehotel öffnete. Der Spa- und Wellnessbereich besitzt neben einem Fitnessraum auch ein Schwimmbad.
Innere Altstadt • Ringstr. 1 (Gewandhaus) • Straßenbahn: Pirnaischer Platz • Tel. 49 49 36 36 • www.gewandhaus-hotel.de • 97 Zimmer • ♿ • 🐕 • €€€

Schloss Hotel Dresden-Pillnitz   südöstl. K 6
Komfortabel • Traumhaft schöne Lage in der Pillnitzer Schlossanlage, die Sehenswürdigkeiten im Zentrum sind dafür etwas entfernter.
Pillnitz • August-Böckstiegel-Str. 10 • Bus: Pillnitzer Platz • Tel. 2 61 40 • www.schlosshotel-pillnitz.de • 42 Zimmer • ♿ • €€€

HOTELS €€

Achat Comfort Hotel   A 4
Moderner Komfort • Von den Zimmern und Apartments sind einige mit Kitchenette ausgestattet und eignen sich so auch für längere Aufenthalte in der Stadt.
Südvorstadt • Budapester Str. 34 • Bus: Schweizer Straße • Tel. 47 38 00 • www.achat-hotels.com • 157 Zimmer und Apartments • 🐕 • ♿ • €€

Bayerischer Hof   B 1
Stilvoll • Geräumige, komfortabel eingerichtete Zimmer, sächsische und bayerische Küche in der Patrizierstube. Für längere Aufenthalte stehen Apartments zur Verfügung.
Neustadt • Antonstr. 35 • Straßenbahn: Antonstraße • Tel. 82 93 70 • www.bayerischer-hof-dresden.de • 27 Zimmer • 🐕 • €€

Holiday Inn Dresden   nördl. C 1
Hier stimmt alles • Das Hotel bietet 121 vollklimatisierte Zimmer sowie eine Badelandschaft mit Pool und Fitnessbereich. Es verfügt außerdem über ein Restaurant und eine Cocktailbar mit Terrasse.

Neustadt • Stauffenbergallee 25 a • Bus: Stauffenbergallee • Tel. 8 15 10 • www.holiday-inn-dresden.de • 121 Zimmer • 🐕 • ♿ • €€

Ringhotel Residenz Alt Dresden 🍴 📖 westl. A 1
Angenehme Atmosphäre • Ruhige Lage, ein wenig abseits von der Altstadt. In zwei gegenüberliegenden Gebäuden bietet das freundlich geführte Hotel moderne Gästezimmer. Zwei Restaurants mit Terrasse und eine Bar sorgen für das leibliche Wohl. Mit Wellnessbereich.
Cotta • Mobschatzer Str. 29 • Straßenbahn oder Bus: Cossebauder Straße, Bus: Cotta • Tel. 4 28 10 • www.residenz-alt-dresden.de • 212 Zimmer • ♿ • 🐕 • €€

Rothenburger Hof 🍴 📖 C 1
Gehobene Gastlichkeit • Wer Ruhe sucht, bucht in dem kleinen, gemütlichen Traditionshaus ein Zimmer zur Gartenseite. Alles Nichtraucherzimmer, Wellnessbereich mit Sauna, Schwimmbad und Dampfbad.
Äußere Neustadt • Rothenburger Str. 15–17 • Straßenbahn: Bautzner-/Rothenburger Straße • Tel. 8 12 60 • www.rothenburger-hof.de • 26 Zimmer • €€

Villa Weltemühle 📖 nordwestl. A 1
Im Grünen • Unter neuen Besitzern wird der langjährige gute Service des einstigen Romantikhotels Pattis fortgesetzt. In der warmen Jahreszeit ein kühles Getränk im Park unter alten Kastanienbäumen, im Winter ein spannendes Buch in der Bibliothek vor dem knisternden Kaminfeuer – manch einer soll schon vergessen haben, dass er eigentlich wegen Dresdens Kunstschätzen gekommen ist. Briesnitz • Merbitzer Str. 53 • Bus: Merbitzer Straße • Tel. 4 25 50 • www.hotel-weltemuehle.de • 57 Zimmer und Suiten • 🐕 • ♿ • €€

HOTELS €
Aparthotel am Zwinger 🍴 📖 A 2
Geräumig • In zwei Häusern erwarten den Gast in der Nachbarschaft der meisten Sehenswürdigkeiten helle, mit modernem Interieur ausgestattete Zimmer mit eigener Küche und durchschnittlich 45 qm Größe. Das größte Apartment bietet mit drei Schlafzimmern und einem großen Wohnzimmer auf 120 qm Platz für bis zu acht Personen.
Wilsdruffer Vorstadt • Maxstr. 3 • Straßenbahn: Kongresszentrum • Tel. 89 90 01 00 • www.aparthotel-zwinger.de • 45 Zimmer und Apartments • €

Das Nichtraucherhotel Privat 🍴 E 1
Für Gesundheitsbewusste • Alle Zimmer haben Balkon oder Erker und sind allergiegerecht eingerichtet. Restaurant für Vegetarier und Veganer. Mit den Rädern des hauseigenen Fahrradverleihs ist man im Nu im Zentrum.
Neustadt • Forststr. 22 • Straßenbahn: Nordstraße, Bus: Marienallee • Tel. 8 11 7 70 • www.das-nichtraucherhotel.de • 30 Zimmer • €

NH Dresden Altmarkt 🍴 📖 B 3
Toplage • Wenige Minuten von Frauenkirche, Zwinger und Semperoper entfernt. Klares Design und Zimmer mit modernster Technik. Wellness mit Dachterrasse.
Altstadt • An der Kreuzkirche • Straßenbahn: Altmarkt • Tel. 50 15 50 • www.nh-hotels.de • 240 Zimmer • ♿ • 🐕 • €

Essen und Trinken

Über 500 Gaststätten sorgen für das leibliche Wohl der Dresden-Besucher, die somit die Qual der Wahl haben zwischen einfachem Biergarten oder Feinschmeckerrestaurant.

◂ Kuppelrestaurant mit Biergarten in der einstigen Tabakfabrik Yenidze (▸ S. 29).

Die Küche Sachsens zeichnet sich durch **herzhafte Gerichte** aus, ganz vorn rangiert dabei der Sauerbraten, ein mehrere Tage in einer Marinade eingelegtes und anschließend geschmortes Rindfleischstück, das mit reichlich Soße serviert wird. Beim Kartoffelsalat hat fast jeder seine eigene präferierte Geschmacksrichtung, ob mit Äpfeln, Gemüse, Eiern, Gurke, Fisch oder auch mit Rosinen zubereitet. Die Suppen, in denen Gemüse nicht fehlen darf, werden durch pürierte Kartoffeln sämig gemacht. Zu den Spezialitäten gehören auch die Quarkkeulchen, die aus gekochten Kartoffeln, Quark und Rosinen bestehen. Sie werden in Öl gebraten, mit Zucker und Zimt bestreut und mit Apfelmus gereicht. Entstanden als Armeleuteessen, sind sie inzwischen auch bei Gourmets beliebt.

Schmackhaftes aus nah und fern

In Dresden wird längst nicht nur regionale Küche angeboten, es kann ebenfalls spanisch, französisch oder italienisch, japanisch oder auch polynesisch gespeist werden. Die Gastronomie ist **international** und auf fast alle Geschmäcker ausgerichtet. Zu einer gastronomischen Meile hat sich die Münzgasse zwischen Brühlscher Terrasse und Frauenkirche entwickelt. Wer sie entlangbummelt, unternimmt eine kleine kulinarische Weltreise. Aber auch in der Weißen Gasse nahe dem Altmarkt drängen sich die Restaurants und in der warmen Jahreszeit die Gäste auf den Terrassen, denn auch die Weiße Gasse ist frei von Autoverkehr. Hochbetrieb haben im Sommer vor allem die Biergärten, die direkt an der Elbe liegen.

Kaffee- und Biertrinker

Zum Essen trinken die Dresdner mit Vorliebe **Bier**, nach dem **Kaffee** ist es das beliebteste Getränk. Im Pro-Kopf-Verbrauch liegen die Sachsen nach den Bayern an zweiter Stelle in Deutschland. Zu den Raritäten gehören die Meißner Weine, die vor den Toren der Stadt gekeltert werden. Es sind trockene, durchgegorene Weine ohne Restzucker mit fruchtiger Säure. Das nördlichste Weinanbaugebiet Deutschlands erstreckt sich an den Elbhängen bei Dresden.

Zum Kaffee lässt man sich die Eierschecke schmecken, einen Hefeblechkuchen, der mit Quark und einer dickschaumigen Mischung bestrichen wird, die aus saurer Sahne, Eiern und Vanillezucker besteht. Vor allem zur Weihnachtszeit kann man den berühmten »Dresdner Christstollen« genießen. Nur Stollen, die tatsächlich aus der Elbestadt kommen, dürfen so bezeichnet werden.

Preise für ein Hauptgericht:
€€€€ ab 25 €   €€€ ab 18 €
  €€   ab 12 €   €   bis 12 €

GOURMETRESTAURANTS

Bean & Beluga D 2
Schlichte Räume, tolles Essen • Chefkoch Stefan Hermann wartet mit einer modernen Küche auf. Weitere Pluspunkte des Hauses: exzellentes Weinangebot, perfekter Service.
Weißer Hirsch • Bautzner Landstr. 32 • Straßenbahn: Plattleite • Tel. 44 00 88 00 • www.bean-and-beluga.de • Di–Sa 18.30–22 Uhr • €€€€

Das Caroussel 🔖 C 2
Raffinesse und Qualität • Das charmante Interieur sowie die vorzügliche Kreativküche von Küchenchef Benjamin Biedingmaier machen das Speisen zum Erlebnis. Auf der Karte finden sich auch lokale Weine.
Neustadt • Königstr. 14 (im Hotel Bülow Palais) • Straßenbahn: Neustädter Markt • Tel. 8 00 30 • www.buelow-palais.de/caroussel • Di–Sa 12–14, ab 18.30 Uhr • €€€€

Restaurant im Hotel Schloss Eckberg 🔖 G 1
Hoch über dem Elbtal • Schwer zu sagen, was schöner ist: die erlesenen Gaumenfreuden oder im Sommer der fantastische Blick von der Terrasse hoch über der Elbe. Sehr aufmerksamer Service.
Loschwitz • Bautzner Str. 134 • Straßenbahn: Elbschlösser • Tel. 8 09 90 • www.schloss-eckberg.de • tgl. ab 11 Uhr • €€€

Restaurant Kastenmeiers 🔖 C 3
Frischer Fisch • Im wunderschön wiederhergerichteten Kurländer Palais kommen Fischliebhaber auf ihre Kosten. Die edlen Fischspezialitäten bereitet Gerd Kastenmeier in der offenen Küche zu. Regelmäßig finden Spezialitätenwochen statt, die sich einer ausgesuchten Köstlichkeit widmen. Abends reservieren!
Altstadt • Tzschirnerplatz 3–5 • Straßenbahn: Synagoge • Tel. 48 48 48 01 • www.kastenmeiers.de • tgl. 12–23 Uhr • €€€

INTERNATIONALE KÜCHE
Alte Meister 🔖 B 3
Ausgezeichnete Qualität • Tagsüber das Museumscafé der Galerie Alte Meister, und am Abend wird den Gästen im einstmaligen Atelier des Zwingers eine kreative, französisch orientierte Küche serviert.
Altstadt • Theaterplatz 1 • Straßenbahn: Theaterplatz • Tel. 4 81 04 26 • www.altemeister.net • tgl. ab 11 Uhr • €€

Grand Café Coselpalais 🔖 C 3
Barockes Ambiente • Im wieder entstandenen Coselpalais wird deutsch-französische Küche serviert, dazu Kaffeespezialitäten vieler Länder. Täglich wechselndes Tagesangebot.
Altstadt • An der Frauenkirche 12 • Straßenbahn: Theaterplatz oder Altmarkt • Tel. 4 96 24 44 • www.coselpalais-dresden.de • tgl. 10–24 Uhr • €€

Italienisches Dörfchen 🔖 B 3
Vielseitiges Angebot • Deftige sächsische Gerichte gibt es im Biersaal und Kurfürstenzimmer. Italienische Schlemmereien werden dagegen im ersten Stock im Ristorante Bellotto serviert. Ferner gibt es noch zwei Caffee-Säle, das Weinzimmer, die Cocktailbar, und in den Sommermonaten werden Stühle auf der Elbterrasse aufgestellt.
Altstadt • Theaterplatz 3 • Straßenbahn: Theaterplatz • Tel. 49 81 60 • www.italienisches-doerfchen.de • Café tgl. ab 10, andere Restaurants tgl. ab 12 Uhr • €€

Kunst-Café Antik 🔖 B 3
Antiquariat und Restaurant • An der Decke, den Wänden und auch in den vielen Schränken und Vitrinen, die selbst antik sind, befindet sich eine Vielzahl historischer Gegenstände. Während man auf das Essen wartet oder danach lässt sich alles in Ruhe begutachten. Wenn etwas gefällt, kann es sofort gekauft werden.

Innere Altstadt • Terrassengasse (unterhalb der Brühlschen Terrasse) • Straßenbahn: Theaterplatz • Tel. 4 96 52 17 • www.kunstcafe-antik.de • tgl. ab 10.30 Uhr • €€

Kuppelrestaurant in der Yenidze   A 2
Traumhafte Aussicht • Das Lokal befindet sich unter der gläsernen Kuppel der im Stil einer Moschee errichteten ehemaligen Tabakfabrik (▶ S. 76) mit einer herrlichen Aussicht über die Stadt. In der warmen Jahreszeit besonders beliebt: Dresdens höchstgelegener Biergarten.
Friedrichstadt • Weißeritzstr. 3 • Straßenbahn oder Bus: Weißeritzstraße • Tel. 4 90 59 90 • www.kuppelrestaurant.de • tgl. 11–24 Uhr • €€

Schmidts Restaurant   nördl. C 1
Mit schönem Garten • Nicht im Zentrum, dafür eine gute Adresse für Liebhaber klarer Formen und einer geradlinigen, saisonal ausgerichteten, immer marktfrischen Küche. Gegessen wird im ehemaligen Pförtnerhaus der Hellerauer Werkstätten. Reizend sitzt es sich im Sommergarten unter drei alten Kastanien.
Hellerau • Moritzburger Weg 67 • Straßenbahn: Moritzburger Weg • Tel. 8 04 48 83 • www.schmidts-dresden.de • Mo–Fr 11.30–14.30, 17.30–23, Sa 17–23 Uhr • €–€€

MEDITERRANE KÜCHE
Lesage   C 5
Edles mit Stil • Die Fachpresse lobt die »mediterranen Gerichte mit asiatischen und exotischen Akzenten«, etwa Seeteufel auf einer Wassermelone mit Bulgur-Gemüse. Beachtung finden auch die sächsischen Weine, die hier kredenzt werden. Großer Garten• Lennéstr. 1 (in der Gläsernen Manufaktur) • Straßenbahn: Straßburger Platz • Tel. 4 20 42 50 • www.lesage.de • Di–Sa 12–15, 18–22, So, Mo 12–15 Uhr • €€€

 MERIAN Tipp

RESTAURANT WILLIAM   B 3
Auch ohne Theaterbesuch werden die Gäste im William, dem modernen Restaurant im Schauspielhaus, verwöhnt. Serviert wird eine saisonale und ungeschminkte Küche.   ▶ S. 16

Villa Marie   H 3
Italienische Lebensart • Restaurant im toskanischen Stil mit Biergarten, leichte italienische Küche. Besonders empfehlenswert: Seewolf mit Artischocken und Oliven. Wer weniger Hunger hat, sollte die toskanische Bohnensuppe wählen.
Blasewitz • Fährgässchen 1 • Straßenbahn oder Bus: Schillerplatz • Tel. 31 54 40 • www.villa-marie.com • Mo–Sa 11.30–1, So 10–1 Uhr • €€–€€€

Kahnaletto   B 3
Auf der Elbe essen • Ein sanft schaukelndes, elegantes Schiffsrestaurant mit klassischer italienischer Küche.
Altstadt • Terrassenufer (an der Augustusbrücke) • Straßenbahn: Theaterplatz • Tel. 4 95 30 37 • www.kahnaletto.de • tgl. 12–15, 18–24 Uhr • €€–€€€

SÄCHSISCHE KÜCHE
Birke Spezialitäten   nördl. A 1
Alles bio • Früher ging es ohne Chemie, warum soll es heute nicht auch ohne gehen? Diese Frage stellte sich Fleischermeister Joachim Birke vor

vielen Jahren. Er suchte und fand Bauern, die seine Meinung teilten. In seinem Gasthaus kommt nur Biofleisch auf die Teller. Schweine und Geflügel bezieht er vom Biopark im Malchin, wo auf artgerechte Tierhaltung gesetzt wird. Das Lammfleisch liefert zum Teil die Schäferei Reichstädt in Dippoldiswalde. Das Wild wird großenteils in den umliegenden Wäldern selbst geschossen, den Fisch bringen fangfrisch befreundete Fischer. Serviert wird Ökobier aus einer kleinen Familienbrauerei in Neuendorf in der Altmark und Ökowein aus Langenlohnsheim/Nahe.
Pieschen • Rehefelder Str. 66 • Straßenbahn: Alt-Pieschen • Tel. 8 49 56 87 • www.bio-birke-dresden.de • Mo–Sa 11–15 Uhr • €€

Dresden 1900   C 3
Museumsgastronomie • Die »Helene«, Dresdens älteste, 1898 gebaute Straßenbahn, steht als Original im Gaststättenraum. In ihr finden bis zu 14 Gäste Platz, zum Speisen und lustig Bimmeln. Rezepte von 1900 hat man dem Heute angepasst, die Gäste mögen's, wie der gute Besuch beweist.
Innere Altstadt • An der Frauenkirche 20 • Straßenbahn: Altmarkt, Synagoge • Tel. 48 20 58 58 • www.dresden.de • Mo–Sa 9–1, So 9–24 Uhr • €€

Einkehr am Palmenhaus   südöstl. K 6
Deftig-lecker • Es gibt Hausmannskost wie sächsische Kartoffelsuppe, Dresdner Sauerbraten in Pfefferkuchen-Rosinen-Soße und sächsische Quarkkeulchen mit Apfelmus.
Pillnitz • Orangeriestr. 11 • Bus: Rathaus Pillnitz • Tel. 2 61 01 88 • www.einkehrampalmenhaus.de • Di–So ab 11.30 Uhr • €€

Luisenhof 🎎   J 2
Bezaubernde Aussicht • Wunderschön am Loschwitzer Elbhang gelegen und wegen seines bemerkenswerten Panoramablicks auch gerne »Balkon Dresdens« genannt. Viele Gäste kommen aber natürlich auch wegen der guten Küche hierher.
Loschwitz • Bergbahnstr. 8 • Straßenbahn: Schillerplatz, Bus: Körnerplatz, weiter mit der Standseilbahn • Tel. 2 14 99 60 • www.luisenhof.org • Mo–Sa 11–24, So 10–24 Uhr • €€

Sophienkeller   B 3
Ein Erlebnis • In den Gewölben des Sophienkellers wird der Besucher in das Zeitalter von August dem Starken entführt. Auf den Tisch kommt eine deftige sächsische Küche, getrunken werden Bier und vor allem Wein aus Sachsen. Gaukler, Musikanten, Wahrsager und manchmal auch August der Starke und Gräfin Cosel sorgen für Unterhaltung.
Innere Altstadt • Taschenberg 3 • Straßenbahn: Theaterplatz, Bus: Postplatz • Tel. 49 72 60 • www.sophienkeller-dresden.de • tgl. 11–1 Uhr • €€

Wintergarten-Café   südöstl. K 6
Angenehme Atmosphäre • Mittags gibt es frisch zubereitete sächsische Gerichte, am Nachmittag Kuchen und Torten aus der hauseigenen Konditorei, und abends serviert man eine saisonale Bistroküche. Aus den Panoramafenstern blickt man direkt in den Schlosspark von Pillnitz.
Pillnitz • August-Böcksiegel-Str. 10 • Straßenbahn oder Bus: Kleinzschachwitz, dann Fähre, Bus: Rathaus Pillnitz oder Pillnitzer Platz • Tel. 2 61 40 • www.schlosshotel-pillnitz.de • ab 12 Uhr • €€

Tagsüber ein stilvolles Museumscafé, abends eine exklusive Speisegaststätte – das Restaurant Alte Meister (▶ S. 28) im Zwinger.

Carolaschlösschen D5
Mitten im Grünen • Im »Grand Café« im Erdgeschoss wird sächsisch-rustikale sowie internationale Küche serviert, in der »Galerie« im Obergeschoss munden Salat- und Pastagerichte sowie außergewöhnliche Fleisch- und Fischkreationen. Sehr hübsch an einem See gelegen.
Großer Garten • Im Großen Garten • Straßenbahn oder Bus: Querallee, Bus: Hp. Strehlen • Tel. 25060 00 • www.carolaschloesschen.de • tgl. ab 11 Uhr • €–€€

Freiberger Schankhaus B3
Urig historisch • Direkt neben der Frauenkirche erwarten den Gast vier Bereiche auf zwei Etagen im typischen Brauhausambiente. Zur regionalen Küche gehört natürlich Freiberger Bier. Auffallend ist das Apothekeninterieur, eine Referenz an die an dieser Stelle einst hier ansässige Salomonis-Apotheke.
Altstadt • Neumarkt 8 • Straßenbahn: Theaterplatz oder Altmarkt • Tel. 500 43 47 • www.freiberger-schankhaus.de • tgl. ab 11 Uhr • €

Gänsedieb 📖 C 3
Preiswert • Sächsische und internationale Küche; wechselnde Wochenkarte und preiswerte Mittagskarte für den kleinen, schnellen Hunger.
Altstadt • Weiße Gasse 1 • Straßenbahn oder Bus: Pirnaischer Platz, Straßenbahn: Altmarkt • Tel. 4 85 09 05 • www.gaensedieb.de • tgl. ab 11 Uhr • €

Sächsisch-Böhmisches Bierhaus Altmarktkeller 📖 B 3
Deftiges im Keller • Unter dem Kreuzgewölbe des Altmarktkellers bedienen Marketenderinnen die Gäste. Die Gerichte der sächsischen und böhmischen Küche werden überwiegend aus regionalen Produkten zubereitet. Dazu gibt es das sächsische Radeberger Pilsner und das böhmische Krušovice vom Fass.
Altstadt • Altmarkt 4 • Straßenbahn: Altmarkt • Tel. 4 81 81 30 • www.altmarktkeller-dresden.de • tgl. 11–24 Uhr • €

BIERGÄRTEN
Fährgarten Johannstadt 📖 E 2
Treffpunkt für Ausflügler • Der urige Biergarten erstreckt sich direkt an der Johannstädter Elbfähre. Man lässt sich Bier, Wein und Deftiges vom Holzkohlegrill schmecken. Radler, die den Elbradweg entlangstrampeln, machen hier gern Rast.
Johannstadt • Käthe-Kollwitz-Ufer 23 b • Bus: Gutenbergstraße • Tel. 4 59 62 62 • www.faehrgarten.de • April–Okt. tgl. ab 10 Uhr • €

Schillergarten 📖 H 3
Traditionsreich • Großer und schöner Biergarten mit Blick auf die Elbe und das Blaue Wunder. Auch Schiller selbst soll hier während seiner Zeit in Dresden Stammgast gewesen sein. Loschwitz • Schillerplatz 9 • Straßenbahn oder Bus: Schillerplatz • Tel. 81 19 90 • www.schillergarten.de • tgl. 11–1 Uhr • €

CAFÉS
Café Lösch 📖 G 3
Ein Muss für Eisliebhaber • Soft- und Kugeleis aus eigener Herstellung, feine Kuchen und Torten und eine nette Bedienung. Lassen Sie sich vom »Eis des Monats« überraschen!
Striesen • Niederwaldstr. 22 • Straßenbahn: Schillerplatz • Tel. 3 10 28 38 • www.cafe-loesch.de • Mi–So 12–18 Uhr

🍃 Café Saite 📖 nördl. C 1
Gesunde Kost • Brötchen, Milch, Honig, Eier, hausgemachter Kartoffel- und Nudelsalat, Käse – vieles ist 100 % bio und stammt von regionalen Erzeugern. Der Wildlachs ist hausgebeizt, und die Waffeln sind selbst gebacken. Hinter den meisten Gerichten der Karte steht das Zeichen bio, auch bei »Schweineschnitzel mit Buttermöhrchen und Kartoffeln«. Inhaber Bernd Beyer: »Alles ist bio, das Fleisch sowie die Möhren und Kartoffeln kommen vom Vorwerk Podemus aus Dresden.«
Weitere Lieferanten des bereits 2001 biozertifizierten Cafés sind u. a. das Stadtgut Görlitz für Eier und Obst, der Milchschafhof Bärenstein, Falk Bräuer für Schafskäse, der Ziegenhof Lauterbach für Ziegenkäse, der Biohof Jauernick für Gemüse und die Biobäckerei Heller aus Dresden. Wer Jazz mag, schaut montags vorbei, da gibt es ab 20 Uhr Livemusik.
Neustadt • Seitenstr. 4 b • Straßenbahn: Tannenstraße • Tel. 8 02 44 52 • www.cafe-saite.de • Mo–Sa 18–24 Uhr, So 10–15 Uhr • €€

Essen und Trinken

Café Toscana H 3
Für Schleckermäuler • Hier gibt es Eierschecke und andere Köstlichkeiten aus der hauseigenen Konditorei. Köstlich und bei den Dresdnern sehr beliebt sind auch die Pralinen. Blasewitz • Schillerplatz 7 • Straßenbahn oder Bus: Schillerplatz • www.cafe-eisold.de • Tel. 3 10 07 44 • tgl. 9–19, feiertags 12–19 Uhr

Café Vis-à-Vis C 3
Wiener Kaffeehaus • Mit hausgemachtem Kuchen und einem Schälchen Heeßer lässt es sich auf der Brühlschen Terrasse mit Blick auf die Elbe und die vorbeiflanierenden Touristen bestens entspannen. Altstadt • Brühlsche Terrasse 3 (im Hotel Hilton Dresden) • Straßenbahn: Theaterplatz oder Altmarkt • Tel. 8 64 28 37 • www.hilton.de/dresden • Mo–Fr 10.30–24, Sa, So 9.30–24 Uhr

Dresdner Trödelkaffee C 3
Wie im Museum • Lassen Sie sich mit Musik aus dem Grammofon in alte Zeiten entführen. Die Dresdner Spezialitäten Eierschecke, Quarkkuchen und Kalter Hund werden selbst hergestellt, und wer es deftiger mag, der lässt sich ein warmes Bratenbrot oder gepökeltes Eisbein servieren. Innere Altstadt • Gewandhausstr. 9 • Tel. 4 81 70 48 • www.troedelkaffee.de • Straßenbahn: Altmarkt • tgl. ab 11.30 Uhr • €€

Konditorei & Café Gradel J 5
Herrliche Verführung • Die Kuchen und Torten von Jens Gradel haben einen guten Ruf, ebenso die selbst gemachten Pralinen. Bei den Zutaten wird auf höchste Qualität geachtet. Tolkewitz • Wehlener Str. 28 • Bus: Kipsdorfer Straße • Tel. 2 5174 25 • www.gradel.com • Di–Sa 7.30–18, So 13–18 Uhr

Mediterranes mit Stil erwartet den Gast in der toskanisch anmutenden, herrschaftlichen Villa Marie (▶ S. 29) am Elbufer mit Blick auf die Loschwitzer Elbhänge.

Einkaufen

In Dresden kann man nach Lust und Laune shoppen, ob beim Bummeln in der QF-Passage an der Frauenkirche oder beim Flanieren im barocken Viertel rund um die Königstraße.

◂ Pfunds Molkerei (▸ S. 68): der Verkaufsraum ist ein Fest für die Sinne.

Dresden hat sich in jüngster Zeit zu einer Shoppingstadt entwickelt. Zu DDR-Zeiten war es ausschließlich die Prager Straße, in der sich die Menschen zum Einkaufsbummel drängten. 1978 hatte hier das erste Warenhaus der Stadt eröffnet, das bis zur Einheit das Einzige bleiben sollte. Im Bereich **Prager Straße–Altmarkt** sind inzwischen weitere hinzugekommen, vor allem noch Dutzende Fachgeschäfte und Boutiquen, in denen der Kunde mit Aufmerksamkeit und Fachwissen beraten wird.

Weltstadtatmosphäre

In der **Altmarkt-Galerie** sorgen rund 200 Geschäfte, Cafés und Restaurants für Weltstadtflair. 30 000 Kunden flanieren täglich durch diesen Gebäudekomplex mit 44 000 qm Verkaufsfläche auf vier Ebenen. Die Haupteingänge befinden sich am Altmarkt sowie am Dr.-Külz-Ring gegenüber der Fußgängerzone Prager Straße. Neueste Einkaufsdomizile sind die Passage im »**Quartier an der Frauenkirche**«, kurz QF genannt, und die **Centrum-Galerie** in der Prager Straße, mit rund 120 Geschäften auf 52 000 qm die größte innerstädtische Einzelhandelsgalerie (www.centrumgalerie.de) der Stadt.

Jenseits der Elbe

Jenseits der Elbe, in der Neustadt, offerieren im Dreieck zwischen **Haupt- und Königstraße** edle Boutiquen internationale Mode, laden Gourmetadressen zum Genießen ein. Von der Königstraße ist es nur ein kleiner Abstecher zur **Prisco-Passage** im Wallgässchen. Hinter einem markanten Torhaus öffnet sich ein mediterran anmutender Innenhof mit vielen Einkaufsmöglichkeiten, dessen Gestaltung eine Brücke von der Tradition zur Moderne schlägt.
Die **Kunsthandwerkpassagen** sind in der Hauptstraße in den barocken Bürgerhäusern 9–19 entstanden. In den kleinen Geschäften, von der Goldschmiede bis zum Töpfer, dürfte jeder etwas finden. Besonders interessant: Fast überall kann zugeschaut werden, wie traditionelles Kunsthandwerk entsteht. In der Dresdner Neustadt, zwischen Alaunstr. 70 und Görlitzer Str. 21–25, befindet sich die **Kunsthofpassage**. Sie führt durch vier Höfe, die verschiedenen Themen gewidmet sind: Fabelwesen, Licht, Metamorphosen und Elemente. Die **Neustädter Markthalle** (▸ MERIAN Tipp, S. 17), ein Gründerzeitbau von 1899 an der Ecke Metzer-/Ritterstraße, musste nach der Zerstörung im Krieg bis 2001 auf ihre Wiederherstellung warten. In dem lichtdurchfluteten Gebäude werden überwiegend regionale Produkte verkauft, darunter Wein von den Elbhängen.
Als Shoppingstätte wurde in jüngster Zeit auch der **Hauptbahnhof** beliebt. Täglich frequentieren ihn ungefähr 60 000 Menschen, und nicht wenige von ihnen finden es gut, dass hier an 365 Tagen im Jahr, also auch sonntags, eingekauft werden kann. Geöffnet ist meist von 9 bis 22 Uhr, 43 Geschäfte bieten ihre Waren an.
Das neue Gesetz zu den Ladenöffnungszeiten gestattet es dem Handel, von Montag bis Samstag von 6 bis 22 Uhr zu öffnen. In den kleinen Orten des Umlands gibt es oft mittags eine Pause von ein bis zwei Stunden, und abends werden die Geschäfte nach wie vor meist um 18 Uhr geschlossen.

ANTIQUARIAT

Dresdner Antiquariat B 3

Mit einem Buchbestand von mehr als 60 000 Bänden ist dies eines der größten Ladenantiquariate Deutschlands. Umfangreich ist das Angebot an Gebrauchsliteratur.
Altstadt • Wilsdruffer Str. 14 • Straßenbahn: Altmarkt oder Pirnaischer Platz • www.dresdener-antiquariat.de

ANTIQUITÄTEN

Joachim Noack C 2

Erstklassige Stücke vom Barock bis zum Jugendstil, antike Uhren ebenso wie Biedermeier-Möbel.
Innere Neustadt • Königstr. 5 (im Innenhof) • Straßenbahn: Neustädter Markt • www.antiquitaeten-noack.de

★ MERIAN Tipp

ELBEFLOHMARKT D 2

Dresdens größter und bekanntester Flohmarkt an der Albertbrücke lockt jeden Samstag zum Stöbern und Wühlen ein. Dort bieten bis zu 600 Händler Trödel und Antikes an. ▶ S. 17

BIOPRODUKTE

Biokonditorei & Bäckerei Bucheckchen südl. E 6

Biokuchen, Biobrot, Biobrötchen, Bioeis … Alles ist hier bio, die erlesenen Produkte stammen aus ökologischem Landbau und unterliegen regelmäßig strengen Kontrollen. Das Speiseeis weist lediglich 0,1 bis 0,2 Prozent Fett auf, ist milchfrei und cholesterinarm, es schmeckt aber dennoch wie Milcheis.
Leubnitz • Wilhelm-Franke-Str. 36 • Tel. 4 70 73 77 • Straßenbahn: Altleubnitz • www.biokonditorei.de

Bio-Sphäre Naturkost C 1

Biologisch erzeugte Lebensmittel, ökologische Naturwaren, Naturkosmetik und ökologische Reinigungsmittel, Obst und Gemüse, Brot und Backwaren, Molkereiprodukte und Käse – alles kommt täglich frisch in den Biomarkt. Drei regionale Bäcker sorgen für Abwechslung im Brotregal, Produzenten aus dem Umland, die sich auf Schafmilchprodukte spezialisiert haben, und biologisch bewirtschaftete Biohöfe mit eigener Milch- und Joghurtherstellung runden das Sortiment ab.
Äußere Neustadt • Königsbrückerstr. 76 (Eingang vom Bischofsweg) • Straßenbahn: Bischofsweg • Tel. 8 04 44 66 • www.bio-sphaere.de

DELIKATESSEN

Savoir Vivre nördl. A 1

Ein Laden für Genießer. Das umfangreiche Angebot an französischen Spezialitäten reicht von Wein über Käse, Pastete bis zu Süßem. Was in den schlichten Holzregalen liegt, kommt frisch aus Frankreich. Im Ladenbistro wird echte französische Hausmannskost gereicht. Im Weinkeller finden Verkostungen und kulturelle Veranstaltungen statt.
Pieschen • Bürgerstr. 36 • Straßenbahn: Liststraße • www.frankreichladen.de

KERAMIK

Keramik am Körnerplatz J 3

Hier lässt sich Keramik aus der Lausitz und aus Litauen sowie von der bekannten, im Jahr 2001 verstorbenen ostdeutschen Keramikerin Hedwig Bollhagen aus Marlwitz erstehen.
Loschwitz • Friedrich-Wieck-Str. 7 • Straßenbahn: Schillerplatz, Bus: Körnerplatz • www.keramik-am-koernerplatz.de

Bummelboulevard besonderer Art: Vier miteinander verbundene Innenhöfe mit kleinen Geschäften und Gaststätten bilden die kreativ gestaltete Kunsthofpassage (▶ S. 65).

Sächsische Töpferinnung
südöstl. K 6

Mehr als zwei Dutzend Töpfer und Keramiker Sachsens präsentieren ihre Produkte. Das traditionelle Lausitzer Geschirr ist ebenso im Angebot wie Engobe- und Fayencetechnik sowie Steinzeug in diversen Farbtönen.
Pillnitz • August-Böckstiegel-Str. 2 (im Bootskeller an der Freitreppe) • Straßenbahn: Kleinzschachwitz, weiter mit Fähre, Bus: Pillnitzer Platz • www.toepferkunst.de

KONDITOREI
Kreutzkamm
B 3

Die Christstollen von Kreutzkamm sind ein Begriff. Wer nicht zur Weihnachtszeit in der Elbestadt weilt, greift zum nicht minder berühmten Kreutzkamm-Baumkuchen.
Altstadt • Altmarkt 25 (in der Altmarktgalerie) • Straßenbahn: Altmarkt • www.kreutzkamm.de

KUNST/KUNSTHANDWERK
art + form
C 1

Vielseitige kunstvolle Geschenke und wechselnde Ausstellungen, vorrangig heimischer Künstler. Der besondere Service des Hauses: Die erworbenen Grafiken und Gemälde werden in der zugehörigen Werkstatt gleich fachgerecht gerahmt.
Neustadt • Bautzner Str. 11 • Straßenbahn: Albertplatz • www.artundform.de

Galerie Sybille Nütt
B 2

Die Galerie widmet sich der Kunst der Gegenwart mit Schwerpunkt Dresden. Hier bekommen vor allem Künstler Raum, die in Dresden leben oder lebten, ihre Ausbildung an der Hochschule für Bildende Künste erhielten oder autodidaktisch arbeiten.
Neustadt • Obergraben 10 • Straßenbahn: Albertplatz • www.galerie-sybille-nuett.de

Kunsthandwerk an der Kreuzkirche B 3

Hier bekommt man fast alles, was in Sachsen hergestellt wird, von Korbwaren über mundgeblasenes Glas bis zu Räuchermännchen. Ideal für jene, die noch Souvenirs kaufen wollen.
Altstadt • Kreuzstr. 6 • Straßenbahn oder Bus: Pirnaischer Platz

Ladenpassage Fliederhof südöstl. K 6

Kleine Geschäfte für Souvenirs und Kunsthandwerk am Schloss Pillnitz. Hier sind Lausitzer Keramik und auch sächsischer Blaudruck zu haben. Fernöstliche Erzeugnisse stehen im Teeladen bereit, die Chocolaterie serviert einen aromatischen Kakao.
Pillnitz • August-Böckstiegel-Str. 2 (im Neuen Palais) • Straßenbahn: Kleinzschachwitz, weiter mit Fähre, Bus: Pillnitzer Platz

Weihnachtsland am Zwinger B 3

Im Weihnachtsland kann man Weihnachten das ganze Jahr über genießen. Schöne echt erzgebirgische Volkskunst wird von mehr als 80 Handwerksbetrieben in reichlicher Auswahl dargeboten.
Altstadt • Kleine Brüdergasse 5 • Straßenbahn: Theaterplatz, Straßenbahn oder Bus: Postplatz • www.weihnachtsland-dresden.com

MÄRKTE
Sachsenmarkt C 4

Dresdens beliebtester und größter Wochenmarkt, der jeden Freitag von 8–17 Uhr (im Winter bis 16 Uhr) stattfindet. Es gibt frische Lebensmittel aus der Region – Obst, Gemüse, Käse, Fleisch und Honig.
Großer Garten • Lingnerallee • Straßenbahn: Großer Garten

Jeden Samstag ist Elbeflohmarkt (▶ MERIAN Tipp, S. 17). Das Angebot reicht von Büchern und Schallplatten über Kleidung und Schmuck bis zu Haushaltswaren.

MODE

Anna G C 2

Sportlich-elegante Tages- und Freizeitkleidung für Damen von Marken wie Cambio, Raffaello Rossi, Nice Connection, Margittes. Schuhe und Accessoires ergänzen das Angebot.
Neustadt • Königstr. 11 • Straßenbahn: Palaisplatz oder Albertplatz • www.mode-dresden.de

Cocoon C 2

Exklusives sportliches und pfiffiges Angebot für Frauen und Männer.
Neustadt • Rähnitzgasse 18 • Straßenbahn: Neustädter Markt • www.cocoon-dresden.de

Rehaland B 3

Verführerische Dessous aus Spitze, Seide oder Satin. In der Sommersaison große Auswahl an Bademoden aller Formen und Farben.
Altstadt • Nicolaistr. 24/26 • Straßenbahn: Fetscherplatz • www.magic-dessous.de

PORZELLAN

Dresdner Porzellan C 3

Zum Bestand der seit 1872 bestehenden Sächsischen Porzellan-Manufaktur gehören 12 500 Formen von Figuren, Tierplastiken, Vasen, Schalen, Dosen, Leuchter und Körbe. Sogar nach individuellen Wünschen werden persönliche Präsente gefertigt.
Altstadt • An der Frauenkirche 20 • Straßenbahn: Neustädter Markt oder Albertplatz • www.dresdner-porzellan.com

SCHMUCK UND UHREN

Goldschmiede Lehmann A 5

Die Auswahl an in der eigenen Werkstatt gefertigten Stücken ist groß. Die Spezialität: Meissener Porzellan in Schmuckstücken verarbeitet. Auch Uhren aus der traditionsreichen Produktionsstätte Glashütte befinden sich im Sortiment.
Südvorstadt • Nürnberger Str. 31a • Straßenbahn: Südvorstadt, Bus: Bernhardtstraße • www.goldschmiede-lehmann.de

⭐ MERIAN Tipp

NEUSTÄDTER MARKTHALLE C 2

Mit Einkaufsflair wie vor 100 Jahren wartet Dresdens einzige erhalten gebliebene Markthalle auf. Entstanden war sie um 1900, nach den Zerstörungen im Zweiten Weltkrieg bekam sie Schritt für Schritt wieder ihren alten Glanz zurück. ▶ S. 17

Ultramaringelb D 1

Die offene Schmuckwerkstatt in der Kunsthofpassage bietet einzigartige Unikate in neuem und sehr individuellem Design. Der direkte Kontakt von Künstler und Interessent sowie die Teilnahme am Entstehungsprozess des Schmuckstücks ist hier explizit erwünscht.
Neustadt • Görlitzer Str. 23 • Straßenbahn: Görlitzer Straße oder Louisenstraße • www.ultramaringelb.de

WEIN

Sächsische Vinothek an der Frauenkirche C 3

Die Weine und Brände aller sächsischen Erzeuger sind im Angebot. Im gemütlichen Weinkeller finden regelmäßig Verkostungen statt.
Altstadt • Salzgasse 2 • Straßenbahn: Synagoge oder Altmarkt • www.saechsische-vinothek.de

Am Abend

Langeweile kommt gar nicht erst auf. Von der weltberühmten Semperoper geht es direkt ins bunte Nachtleben mit zahlreichen Bars, originellen Clubs, Diskotheken und Kabaretts.

◂ Internationale Spitze: die Semperoper
(▸ MERIAN TopTen, S. 44).

Am Tage bietet Dresden seinen Gästen ein vorzügliches Kulturangebot, das am Abend fortgesetzt wird. Als Muss für jeden Musikinteressierten gilt die **Semperoper**, wobei Karten rechtzeitig vorbestellt werden sollten. Erlebnisreich sind auch Besuche der anderen großen und kleinen **Theater**, die mit vielfältigem Repertoire aufwarten. Das trifft auch auf die beiden Orchester von Weltruf zu: die 1548 durch Kurfürst Moritz von Sachsen gegründete heutige Sächsische Staatskapelle Dresden, die von Richard Wagner als seine »Wunderharfe« bezeichnet wurde, und die Dresdner Philharmonie, das 1870 gegründete Konzertorchester der sächsischen Landeshauptstadt.

Schrilles und Schräges

Wer den Abend locker und amüsant ausklingen lassen möchte, hat dazu viele Möglichkeiten. Dresden wartet mit einem bunten, oft schrillen Nachtleben auf, besonders auf dem rechtselbischen Ufer in der Neustadt. An Sommerabenden, wenn Stühle und Tische nach draußen gestellt werden, geht es hier lebhaft zu. An das Nach-Hause-Gehen denkt man häufig erst am frühen Morgen, denn eine Sperrstunde – wenn man von der einen Stunde von 5 bis 6 Uhr morgens absieht – gibt es nicht. Viele Infos finden sich auch auf der Website www.dresden-nightlife.de.

BARS

Karl-May-Bar B 3
Erinnerung an die Salons vergangener Zeiten. Große Auswahl an Whiskeys. Freitag und Samstag Livemusik. Altstadt • Taschenberg 3 • Straßenbahn: Theaterplatz, Bus: Postplatz

Sonder Bar westl. A 5
Bei Kerzenschein kann man aus rund 350 Cocktails und über 700 internationalen Spirituosen auswählen.
Plauen • Würzburger Str. 40 • Bus: Bamberger Straße • www.sonderbar.de

⭐ MERIAN Tipp

AUF ROLLEN DURCH
DIE STADT C 4
Eine etwas ungewöhnliche Stadtrundfahrt: Bis zu 3000 Skater jagen in der warmen Jahreszeit am Freitagabend durch die Straßen Dresdens. ▸ S. 17

CLUBS UND PARTYLOCATIONS

Bärenzwinger C 3
Dresdens traditionsreichster Treffpunkt für junge Leute unter der Brühlschen Terrasse. Zu DDR-Zeiten lange die einzige Disko der ganzen Stadt. Oft Livemusik und Diskothek, das Musikangebot reicht von Folklore bis Blues, von Jazz bis Rock. Altstadt • Brühlscher Garten 1 • Straßenbahn: Synagoge • Tel. 79 27 85 24 • www.baerenzwinger.de

Downtown C 1
Freitags und samstags Disko auf den Floors einer ehemaligen Fabrikhalle. Neustadt • Katharinenstr. 11–13 • Straßenbahn: Albertplatz oder Louisenstraße • www.downtown-dresden.de

Katy's Garage C 1
Eine Institution für das alternative Ausgehen: Livemusik, Disko, Kickerturniere oder einfach Treff von Touristen, Punks und Anwälten.

Neustadt • Louisenstr./Ecke Alaunstr. 48 • Straßenbahn: Louisenstraße • www.katysgarage.de

Liveclub Tante JU nördl. E 1
Die beliebte Partylocation hat sich vor allem durch ihre Livemusik einen Namen gemacht. Einrichtung und Dekoration erinnern an die bunte Welt der Fliegerei.
Neustadt • An der Schleife 1 • Straßenbahn: Industriegelände • www.liveclub-dresden.de

 MERIAN Tipp

KNEIPENRUNDGANG C 2
Eine Kennenlerntour durch die Kneipenszene der Neustadt mit ihren mehr als 150 Bars, Pubs und Restaurants – und an den folgenden Abenden geht's dann ohne Guide weiter. ▶ S. 17

m.5 Nightlife C 3
Tanzvergnügen mit Niveau für nicht mehr ganz so junge Nachtschwärmer und dazu mehr als 50 Cocktails.
Altstadt • Münzgasse • Straßenbahn: Theaterplatz oder Altmarkt • www.m5-nightlife.de

Musikpark Dresden B 4
Dresdens größte Clubdisko: Bis zu 1500 Partygäste vergnügen sich von Donnerstag bis Samstag in der Nachterlebniswelt mit fünf verschiedenen Themen- und Musikbereichen.
Altstadt • Wiener Platz 9 • Straßenbahn: Hauptbahnhof • www.mp-dd.de

Pier 15 B 1
Angesagte Partynächte mit Licht- und Videoeffekten sind garantiert in einer historischen Lagerhalle im Neustädter Hafen mit Bar, Lounge und Außenbereich. Und alles steht unter dem Motto »Best in Music«.
Neustadt • Leipziger Str. 15 • Straßenbahn: Alter Schlachthof • www.pier15.de

Scheune C 1
Kreatives Kulturzentrum, eingeladen wird zu Konzerten, Theater, Lesungen und Tanz. Montags Jazz, am Sonntag zeigt man »Tatort«.
Neustadt • Alaunstr. 36–40 • Straßenbahn: Louisenstraße • Tel. 8 04 38 22 • www.scheune.org

KABARETT UND VARIETÉ
Dresdner Comedy & Theater Club C 2
Musik und Kabarett, Theater und Comedy in direktem Kontakt mit dem Publikum. Lieblingsthema ist »Mann & Frau«, das immer wieder neu humorvoll beleuchtet wird.
Innere Neustadt • Hauptstr. 13 (im historischen Gewölbekeller des Kügelgenhaus) • Straßenbahn: Neustädter Markt oder Albertplatz • Tel. 4 64 48 77 • www.comedytheaterclub-dresden.de

Dresdner Kabarett Breschke & Schuch A 3
Spritzige und witzige Texte, Gesangseinlagen und Wortspiele. Die Pointen der beiden gestandenen Dresdner Kabarettisten sitzen.
Altstadt • Wettiner Platz (Eingang Jahnstraße) • Straßenbahn: Bf. Mitte • Tel. 4 90 40 09 • www.kabarett-breschke-schuch.de

Herkuleskeule A 3
Politisch-satirisches Kabarett, in dem oft Gäste auftreten, wenn das hauseigene Ensemble außerhalb spielt.

Altstadt • Sternplatz 1 • Straßenbahn: Budapester Str., Bus: Josephinenstr.• Tel. 4 92 55 55 • www.herkuleskeule.de

Travestie-Revue Theater Carte Blanche und Varieté D 1
Ein Hauch von Pariser Lido oder Moulin Rouge: eine spektakuläre Show aus Travestie, Comedy, Artistik, Ballett und Gesang mit vielen hochkarätigen Gastkünstlern.
Neustadt • Prießnitzstr. 10 • Straßenbahn: Diakonissenkrankenhaus • Tel. 20 47 20 • www.carte-blanche-dresden.de

KINOS

Filmtheater Schauburg C 1
Es gibt hier nicht nur Filme, sondern auch Konzerte und Lesungen. Regisseure und Schauspieler aus der Region kommen häufig, um ihre Werke persönlich vorzustellen.
Neustadt • Königsbrücker Str. 55 • Straßenbahn: Bischofsweg • Tel. 8 03 21 85 • www.schauburg-dresden.de

Ufa-Kristallpalast B 4
In den Sälen 1, 6, 7 und 8 werden vorwiegend Filme in digitaler 3D-Technik vorgeführt.
Altstadt • St. Petersburger Str. 24 a • Tel. 4 82 58 25 • Straßenbahn: Prager Straße • www.cineplex.de/dresden

KNEIPEN UND LOKALE

Café Europa C 1
Wen nach Mitternacht noch Hunger plagt, der erhält hier warmes Essen. 14 nationale und internationale Zeitungen und Internetzugang gratis.
Neustadt • Königsbrücker Str. 68 • Straßenbahn: Bischofsweg • www.cafe-europa-dresden.de • tgl. rund um die Uhr geöffnet

Paul Rackwitz südwestl. A 6
Hölzerne Tische auf mehreren Etagen, Whiskey in großer Auswahl, und nach 20 Uhr trifft man viele, viele Menschen.
Plauen • Plauenscher Ring 33 • Straßenbahn: Cämmerswalder Straße • www.paul-rackwitz.de • tgl. geöffnet

Planwirtschaft C 1
Eine der Szenekneipen, die unmittelbar nach der Wende in der Dresdner Neustadt entstanden.
Neustadt • Louisenstr. 20 (im Hinterhaus) • Straßenbahn: Louisenstraße • www.planwirtschaft.de • tgl. geöffnet

Raskolnikoff D 1
Mancher beginnt mit dem üppigen Frühstück, sitzt im Sommer tagsüber im Garten und beendet den Tag bei einem frisch zubereiteten Essen.
Neustadt • Böhmische Str. 34 • Straßenbahn: Görlitzer Straße • www.raskolnikoff.de • tgl. geöffnet

FotoTipp

BRÜHLSCHE TERRASSE

Wenn die Schaufelraddampfer festgemacht haben, dann steht die untergehende Sonne im Westen und taucht die Brühlsche Terrasse in ein zauberhaftes Goldgelb. Sowohl vom nördlichen Ende der Augustusbrücke als auch von der Carolabrücke lassen sich dann herrliche Fotos machen. ▶ S. 56

The Red Rooster C 2
Pub & Café, hier treffen sich Künstler und solche, die sich dafür halten. Im Sommer einige Tische im barocken Innenhof. Man kann unter mehr als 130 Whiskeysorten wählen.

MERIAN Tipp

BUNTE REPUBLIK NEUSTADT C1

Gaukler und Musikanten, Theatergruppen und Trödelmärkte an allen Ecken, hier und dort wird auch gleich aus dem Erdgeschossfenster heraus verkauft. Die Innere Neustadt gleicht am dritten Wochenende im Juni geradezu einem Ameisenhaufen. ▶ S. 18

Neustadt • Rähnitzgasse 10 • Straßenbahn: Neustädter Markt • www.red rooster-pub.de • tgl. geöffnet

MUSIKTHEATER UND KONZERTE

Dresdner Philharmonie

Die Philharmonie genießt Weltruf. Unzählige Konzertreisen führten das Orchester in viele Länder der Welt.
Altstadt • verschiedene Spielstätten • Straßenbahn: Altmarkt • Tel. 4 86 63 06 • www.dresdnerphilharmonie.de

Festspielhaus Hellerau nördl. C1

Ein wichtiges Zentrum der zeitgenössischen Künste in Deutschland mit den Schwerpunkten Tanz, Musik und moderne Theaterformen.
Hellerau • Karl-Liebknecht-Str. 56 • Straßenbahn: Festspielhaus Hellerau • www.festspielhaus-hellerau.com • ww.hellerau.org

Sächsische Staatskapelle B3

Die Staatskapelle gehört zu den namhaftesten Orchestern Deutschlands. Die Konzerte im wunderschönen Ambiente der Semperoper sind ein Hochgenuss.
Altstadt • Theaterplatz • Straßenbahn: Theaterplatz, Postplatz • Tel. 4 911 7 05 • www.saechsische-staatskapelle.de

Sächsische Staatsoper/Staatskapelle Dresden (Semperoper) B3

Operngenuss in bester Qualität in einem prachtvollen Bau aus dem 19. Jh. (▶ S. 73). Für Opernfans aus aller Welt ein Anziehungspunkt.
Altstadt • Theaterplatz • Straßenbahn: Theaterplatz, Straßenbahn oder Bus: Postplatz • Tel. 4 9117 05 • www.semperoper.de

Staatsoperette Dresden südl. K6

Das einzige Operettentheater in ganz Deutschland. Gespielt werden die so beliebten Klassiker wie »Fledermaus« und »Zigeunerbaron« ebenso wie erfolgreiche amerikanische Musicals. Im Herbst 2016 bekommt das Theater auf dem Gelände des alten Kraftwerks Mitte eine neue Spielstätte.
Leuben • Pirnaer Landstr. 131 • Straßenbahn oder Bus: Altleuben • Tel. 2 07 99 29 • www.staatsoperette-dresden.de

SCHAUSPIEL

Boulevard Theater Dresden A3

Der Theatername verrät: Hier stehen nach vielem Sightseeing zum Tagesausklang Spaß und Freude im Mittelpunkt. Auf dem Programm des Privattheaters finden sich Komödien, Schwänke und Märchen, aber auch Gastspiele internationaler Künstler.
Altstadt • Maternistr. 17 • Straßenbahn oder S-Bahn: Freiberger Straße • Tel. 26 35 35 26 • www.boulevardtheater.de

Comödie Dresden A3

Den Spielplan prägen anspruchsvolle Komödien, und die Hauptrollen besetzen in den meisten Fällen Schauspieler, die bereits in der DDR Film- und Theaterlieblinge waren.

Altstadt • Freiberger Str. 39 • Straßenbahn: Freiberger Straße • Tel. 86 64 10 • www.comoedie-dresden.de

Societaetstheater A 2

Ein modernes Theater in einem historischen barocken Gebäude. Das 1776 gegründete Bürgertheater wendet sich heute vor allem Themen und Stoffen der Gegenwart zu. Im Repertoire sind Stücke des Sprech-, Tanz-, Musik- und Figurentheaters. Regelmäßig geben Künstler aus aller Welt ihre Gastspiele.
Innere Neustadt • An der Dreikönigskirche • Straßenbahn: Neustädter Markt • Tel. 80 36 81 20 • www.societaetstheater.de

Staatsschauspiel Dresden B 3

Das einstige Königliche Schauspielhaus bekam bei der Restaurierung in den 1990er-Jahren sein historisches Inneres zurück. Auf dem Spielplan steht, was zur Weltdramatik gehört. Das Kleine Haus in der Neustadt (Glacisstr. 28) widmet sich der experimentellen Bühne. Besonderer Beliebtheit erfreut sich das Projekt »Bürgerbühne«, wo Dresdner Bürger für Dresdner Bürger Theater spielen.
Altstadt • Theaterstr. 2 • Straßenbahn oder Bus: Postplatz • Tel. 4 91 35 55 • www.staatsschauspiel-dresden.de

Theaterkahn Dresdner Brettl B 3

Ein ausgedienter, verrosteter Elbkahn wurde zu einem Theater- und Restaurantschiff mit modernster Licht- und Tontechnik umgebaut.
Altstadt • Terrassenufer/Augustusbrücke • Straßenbahn: Theaterplatz • Tel. 4 96 94 50 • www.theaterkahn-dresden.de

Dank Häusern wie dem Societaetstheater (▶ S. 45) gilt Dresden als Kulturmetropole. Hier eine Inszenierung der Theatergruppe »Die Dramaten«.

Familientipps

Dresden legt sich auch für seine jungen Gäste ganz schön ins Zeug, mit gläsernen Menschen, Lokomotiven quer durch den Großen Garten und Märchen unter einer bunten Glaskuppel.

◂ Erlebnisbereich für Kinder im Deutschen Hygiene-Museum (▶ S. 48).

1001 Märchen A 2

In die Welt des Orients entführen die Lesungen aus den Märchen aus 1001 Nacht. In der zauberhaften Atmosphäre der Yenidze-Glaskuppel werden die Veranstaltungen zu einem ganz besonderen Erlebnis.
Altstadt • Weißeritzstr. 3 • Straßenbahn: Kongresszentrum • Tel. 4 95 10 01 • www.1001maerchen.de • Tickets für Nachmittagsvorstellung 8 €, Kinder 6 €, Familien 25 €

Bouldercity Dresden D 1

Beweglichkeit, Kraft, Geschicklichkeit und Ausdauer sind nötig, um die Kletterwand zu bezwingen. Spezielle Kletterprogramme für Kids schulen die Freude an der Bewegung, vermitteln Tricks und Kniffe für das richtige Bouldern. Der Spaß kommt dabei natürlich auch nicht zu kurz. Eltern und alle anderen Erwachsenen können sich beim kostenlosen Schnupperkurs (nur Eintritt!) montags von 19 bis 20 Uhr ausprobieren.
Neustadt • Bischofsweg 32 • Straßenbahn: Bischofsweg • Tel. 2 13 69 50 • www.bouldercity-dresden.de • Juni–Sept. Mo, Fr, Sa 16–22, Di, Do 9–22, Mi, So 11–22, Okt.–Mai Mo, Mi, Fr, Sa 11–22, Di, Do 9–22, So 14–22 Uhr • Eintritt 8 €, Kinder 4,50 €

Erlebnisland Mathematik G 4

Mathematik – eine ungeliebte Wissenschaft? Das muss nicht sein, im Erlebnisland in den Technischen Sammlungen präsentiert sich Mathematik spannend und zugleich vergnüglich. An den rund 100 Spiel- und Experimentierstationen aus den Bereichen Mechanik, Optik, Akustik, Wärme und Elastizität tauchen Kinder in die Dimensionen mathematischer Ordnungen ein, knobeln, tüfteln und staunen, was die Rechenkunst so alles kann. Für die Kleinen von drei bis acht Jahren gibt es die Extraabteilung »Epsilon – Erlebniswelt für Kleine«, die sich mit Zahlen, Formen und Mustern beschäftigt.
Striesen • Junghansstr. 1–3 • Straßenbahn, Bus: Pohlandplatz • Tel. 4 88 72 72 • www.erlebnisland-mathematik.de • Di–Fr 9–17, Sa, So 10–18 Uhr • Eintritt 5 €, Kinder 4 €

⭐ MERIAN Tipp

ELBWIESEN C 3–H 2

Picknick und Entspannen auf den für Dresden typischen Elbwiesen – man grillt und tobt mit den Kindern herum oder liegt einfach nur entspannt auf der Decke im Gras und beobachtet das rege Treiben ringsherum. ▶ S. 18

Eselnest A 1

Kinder lieben die geduldigen und sanften Esel, die sie putzen und streicheln können und auf denen sie sogar reiten dürfen. Auch Kaninchen und Meerschweinchen freuen sich über wohlige Streicheleinheiten. Und danach ist Klettern, Spielen, Buden bauen und Toben auf dem großen Spielplatz angesagt, im Zirkuswagen liegen einige Brettspiele bereit. Im Angebot sind auch Bastelstunden, das Backen im Erdofen und Töpfern.
Pieschen • Eisenberger Str. 2 a • Straßenbahn: Alexander-Puschkin-Platz • Tel. 8 11 23 45 • www.eselnest.de • Di–Sa 13–19, während der Ferien in Sachsen Mo–Fr 11–18 Uhr • Eintritt frei, spezielle Angebote 2,50 €

Georg-Arnhold-Bad C 4
Baden im denkmalgeschützten Kulturbau: Das 1926 durch Geheimrat Georg Arnhold errichtete Hallen- und Freibad in der Nähe von Hygiene-Museum und Großem Garten gehört zu den schönsten Badeeinrichtungen Dresdens mit 25-m-Sportbecken, Erlebnisbecken und Planschbecken. In den Sommermonaten lockt ein großer Außenbereich.
Altstadt • Helmut-Schön-Allee 2 • Straßenbahn: Großer Garten oder Lennéplatz • Tel. 4 94 22 03 • www.dresdner-baeder.de • Hallenbad Mo, Do 12–22, Mi, Fr 10–22, Di, Sa, So 9–22 Uhr, Freibad Mai–Mitte Sept. tgl. 9–22 Uhr • Eintritt 2 Std. 5 €, Kinder 2,70 €, Familien 14 €

Kindermuseum im Deutschen Hygiene-Museum C 4
Wie funktioniert das Schmecken? Was passiert auf unserer Zunge? Was erzählen sich die Fische im Aquarium? Antworten auf diese und zahlreiche andere Fragen finden Kinder zwischen vier und zwölf Jahren in der spannenden Mitmachausstellung »Unsere fünf Sinne«. Das Anfassen und Ausprobieren ist ausdrücklich erwünscht bei den fantasievollen, altersgerechten Angeboten zum Experimentieren und Erfahren von Sehen, Hören, Tasten, Riechen und Schmecken. Es ist nicht nur lehrreich, sondern macht auch viel Spaß, verschiedene Geräusche zu erraten, Tiernasen in einem Memory-Spiel zu erkennen oder im Dunkeln Quartett zu spielen. Die Kinder erkunden Geheimnisse und eigene Fähigkeiten, die ihnen dabei helfen, ihre Umwelt bewusster zu erfassen.
Altstadt • Lingnerplatz 1 • Straßenbahn: Großer Garten oder Deutsches Hygiene-Museum • Tel. 48 46 00 • www.dhmd.de • Di–So 10–18 Uhr • Eintritt 7 €, Kinder frei, Familien 11 €

Kleinbauernmuseum Reitzendorf westl. K 6
Der original erhaltene Dreiseithof aus dem 19. Jh. zeigt, wie die Bauern im Dresdner Umland einst lebten und arbeiteten. Die Einrichtung in dem Wohn-Stall-Haus mit Kammer, Kuhstall, Werkzeugen und Arbeitsgeräten in der Scheune sind so erhalten, wie sie bis 1950 in Gebrauch waren.
Reitzendorf • Schullwitzer Str. 3 • Bus: Reitzendorf • Tel. 2 64 17 83 • www.kleinbauernmuseum.de • Mo–Fr 9–16, Sa, So 13–17 Uhr • Eintritt 2,80 €, Kinder 2,10 €, Familien 8 €

Parkeisenbahn D 4
Seit mehr als 60 Jahren zuckelt die Parkeisenbahn mit der sanften Geschwindigkeit von 20 km/h auf einem 5,6 km langen Rundkurs durch den Großen Garten (▶ S. 100). Die lustige Fahrt startet an deren Hauptbahnhof, der Gläsernen Manufaktur, und dauert etwas über eine halbe Stunde, die Minibahn mit einer Spurweite von 381 mm hält u. a. am Zoo, am Palais und am Carolasee.
Einen großen Zulauf verzeichnet die Bahn, wenn am Wochenende »Lisa« und »Moritz« durch den Park schnaufen. Das sind Dampflokomotiven von 1925, die zwar noch richtig fit sind, aber aus Kostengründen nicht täglich eingesetzt werden. Lediglich der Lokführer ist dann ein Erwachsener, alle anderen Dienste wie Fahrdienstleiter, Zugbegleiter oder Schrankenwärter versehen Kinder in ihrer Freizeit, die ihren Traum leben, einmal Eisenbahner zu sein.

Altstadt • Lennéstr. 5 • Straßenbahn: Straßburger Platz • Tel. 4 45 67 95 • www.parkeisenbahn-dresden.de • Ostern–Sept. Di–So 10–18, Juli/Aug. auch Mo 13–18 Uhr • Rundfahrt 4 €, Kinder 2 €, Familien 11 €

Schulmuseum   📖 A 2

Wie sah das Schulzimmer aus? Mit welchen Materialien haben Oma und Opa, Mama und Papa gelernt? Ein interessanter Exkurs zur Geschichte des Schulwesens, von der Kaiserzeit über die DDR bis heute, der an vielen originalen Exponaten das Lernen von einst wieder erlebbar macht.
Altstadt • Seminarstr. 11 • Straßenbahn, Bus, S-Bahn: Bahnhof Mitte • Tel. 2 13 01 56 • www.schulmuseum-dresden.de • Do 14–18, jeden 1. Sa im Monat 14–17 Uhr, kostenlose Führungen 14, 15 und 16 Uhr • Eintritt 3 €, Kinder 1 €, Familien 4 €

Theater Junge Generation
                            📖 nordwestl. A 2

Ein bunter Spielplan für Kinder und Jugendliche: Märchen und Theaterstücke für die Kleineren, freche Inszenierungen für die Großen. Das Puppentheater findet im Rundkino auf der Prager Straße statt.
Cotta • Meißner Landstr. 4 • Straßenbahn, Bus: Cossebauder Straße, Bus: Schunckstraße • Tel. 4 96 53 70 • www.tjg-dresden.de • Eintritt Schauspiel 12 €, Kinder 5,50 €, Puppentheater 9 €, Kinder 4,50 €

Waldseilpark Dresden-
Bühlau   ▸ S. 107, c 2

Abenteuer pur! Über Hindernisse und Brücken klettern, in luftiger Höhe balancieren, schwingen und springen, sich durch Taue und Seile hangeln. Elf Parcours und 90 Kletterelemente in unterschiedlichen Schwierigkeitsstufen sorgen für einigen Nervenkitzel. Speziell für die ganz Kleinen (3 bis 6 Jahre) gibt es einen bodennahen Parcours. Wer

Die Elbwiesen (▸ MERIAN Tipp, S. 18) sind ein beliebtes Freizeitareal für Einheimische und Besucher.

vom Klettern genug hat, der saust auf einer der drei Tubingbahnen mit dem Gummireifen hinunter.
Bühlau • Straßenbahn: Neubühlauer Straße oder Bus: Elisabethstraße • Tel. 160 18 98 • www.waldseilpark-dresden.de • April–Okt. Mo–Fr 14–20, Sa, So 10–20, Ferien in Sachsen tgl. 10–20 Uhr • Klettern 2 Std. Mo–Fr 17 €, Kinder 13 €, Sa, So 19 €, Kinder 15 €, Tubing ½ Std. 3,50, 1 Std. 7 €

👫 Weitere Familientipps sind durch dieses Symbol gekennzeichnet.

Vom Elbufer aus bietet sich ein wunderbarer Blick auf die Prachtbauten aus dem 19. Jh.: Ständehaus (▶ S. 67), Residenzschloss (▶ S. 69) und rechts die Kathedrale St. Trinitatis (▶ S. 64).

Unterwegs in **Dresden**

»Elbflorenz« nannte der Philosoph Herder Dresden, und Dichterfürst Goethe sprach nach dem Besuch der Gemäldegalerie Alte Meister von einem »Heiligtum«.

Sehenswertes

Beim Besuch Dresdens gibt es viel zu entdecken. Die Stadt an der Elbe glänzt mit grandioser Architektur und prachtvollen Sehenswürdigkeiten von Barock bis Avantgarde.

◂ Blick durch den Zwinger (▸ MERIAN TopTen, S. 76) auf König Johann und den Theaterplatz (▸ S. 74).

Zwinger, Semperoper, Brühlsche Terrasse, Frauenkirche und noch etliches mehr haben internationalen Ruf. Wer Dresden besucht, eilt zu diesen Highlights, sie sind ein Muss.

Stadt der Superlative

Nicht weniges in der Elbestadt darf sich mit Superlativen schmücken, so die Kathedrale (letzte große Leistung des römischen Barock), Stallhof (ältester Turnierplatz der Welt), Bergschwebebahn (älteste der Welt), Blaues Wunder (erste strompfeilerfreie Brücke Europas), Fürstenzug (größtes Porzellanbild der Welt) und Raddampferflotte (größte und älteste der Welt). Die Stadt bietet auch eine Menge kunstvoller Kleinigkeiten, Denkmäler, die an große Geister wie Carl Maria von Weber und Gottfried Semper erinnern, sowie geschichtsträchtige Brunnen, von denen wohl der Türken- und der Cholerabrunnen die wertvollsten sind.

Nobelvillen

Zu Dresden gehört aber noch mehr: prachtvolle Bürgerhäuser in der Neustadt, die im Jahr 1700 auf Geheiß von August dem Starken planmäßig zwischen Neustädter Markt und Albertplatz erbaut wurden, sowie noble Villen auf dem Weißen Hirsch, Dresdens vornehmster Wohnadresse. Hosterwitz und Pillnitz, obwohl schon zu Beginn des 20. Jh. nach Dresden eingemeindet, besitzen immer noch viel von der Atmosphäre, als sie Bauern- und Winzerdörfer waren.

Viele der Prachtbauten sind aus dem weichen Sandstein der Sächsischen Schweiz erbaut. Der ist sehr empfindlich gegen Luftverschmutzung, vor allem der saure Regen setzt ihm enorm zu und färbt ihn tiefschwarz. Die Restauratoren mühen sich redlich, doch die Unterhaltsarbeiten werden wohl nie ein Ende finden.

SEHENSWERTES

Albertinum C 3

Der gewaltige Vierflügelbau von 1884 bis 1887, benannt nach dem Ende des 19. Jh. regierenden König Albert, musste sich nach der Hochwasserflut im August 2002 in sechsjähriger Bauzeit einer Modernisierungskur unterziehen. Entstanden sind nun in 17 m Höhe über dem vormals offenen Innenhof hochwassersichere Depots und Restaurierungswerkstätten. Möglich wurde dies durch eine spektakuläre, 2700 t schwere stählerne Brückenkonstruktion. In den neuen Ausstellungssälen präsentieren die in dem legendären Museum beheimatete **Skulpturensammlung** (▸ S. 90) sowie die **Galerie Neue Meister** (▸ S. 81) einen Teil ihrer wertvollen Schätze.

Altstadt • Brühlsche Terrasse • Straßenbahn: Synagoge, Bus: Pirnaischer Platz

Albertplatz C 2

Von dem Verkehrsmittelpunkt der Neustadt gehen sternförmig zehn Straßen ab, u. a. die Königstraße mit ihren prächtigen Barockhäusern. Die Grünanlagen schmücken die wunderschönen Brunnen (1894) »Stille Wasser« auf der Ostseite und »Stürmische Wogen« auf der Westseite. Das **Schillerdenkmal** (1913) aus weißem Marmor zeigt nicht nur den Dichterfürsten, sondern auch Szenen aus seinen bekanntesten Werken.

Neueren Datums ist das bronzene **Erich-Kästner-Denkmal** (1987), aufgestellt wurde es auf diesem Platz, weil der Autor von »Emil und die Detektive« im nahen Haus Königsbrücker Straße 66 geboren wurde.
Seit Ende 1999 gibt es ein weiteres Kästner-Denkmal: Der Schriftsteller hockt als kleiner Junge auf der Mauer bei der Villa Augustin, in deren Garten er einst spielte. Das Wasser im eleganten **Brunnentempel** (1906) an der Ecke zur Königsbrücker Straße kommt aus einer Tiefe von 243,5 m.
Neustadt • Straßenbahn: Albertplatz

Alter katholischer Friedhof A 2
Sachsens wichtigster katholischer Gottesacker, weil hier viele ihre letzte Ruhestätte fanden, deren Namen eng mit Dresden verknüpft sind: der Maler Gerhard von Kügelgen, der Feldmarschall Johann Georg Chevalier de Saxe (Sohn von August dem Starken und seiner Mätresse Ursula Catharina Fürstin von Lubomirska) sowie Carl Maria von Weber. Dessen Grabstelle hat Gottfried Semper geschaffen.
Friedrichstadt • Friedrichstr. 54 • Straßenbahn: Waltherstr., Bus: Friedrichstadt

Altes Landhaus C 3
Über 130 Jahre debattierten in dem Haus die Vertreter der Landstände, ab 1833 der Landtag, heute informiert hier das Stadtmuseum über Dresdens Geschichte. Das Bauwerk (1770–1776), das einzige, das an der heutigen Wilsdruffer Straße das Bombeninferno 1945 einigermaßen überstand und wieder aufgebaut werden konnte, gehört zu den architektonischen Kleinoden in der Altstadt.
Altstadt • Wilsdruffer Str. 2 • Straßenbahn oder Bus: Pirnaischer Platz

Altmarkt B 3
Seit Jahrhunderten der Mittelpunkt der Stadt. Am Ende des Zweiten Weltkriegs war nicht ein einziges Haus unzerstört. 1953 begann die Wiederbebauung. Die Nordseite schließt als Werk der neueren DDR-Architektur der Kulturpalast (1969) mit seinem kupferblechgedeckten Dach ab. Gegenwärtig ist das Haus geschlossen, es wird grundlegend saniert und umgebaut.
Altstadt • Straßenbahn: Altmarkt

Augustusbrücke B 2/3
Dresdens älteste Brücke verbindet die Alt- mit der Neustadt. Der Chronist Iccander schrieb im Jahr 1719 über Dresdens »sieben Weltwundern«, und seiner Meinung nach war eines davon »die in ganz Europa jetzt berühmteste Elbbrücke«, womit er die Augustusbrücke meinte. 1287 wird erstmals eine Steinbrücke über die Elbe in den Chroniken genannt, doch worüber Dresdner und Gäste heute spazieren ist bereits der zweite Nachfolgebau, der 1907 bis 1910 errichtet wurde. Von der Vorgängerbrücke stammen noch die halbkreisförmigen Nischen mit Sitzbänken.
Vom Landpfeiler auf der Altstädter Seite schaut seit Jahrhunderten das Brückenmännchen, eine Relieffigur aus Sandstein, flussabwärts auf das Treiben. Der Überlieferung nach hat sich mit der Figur der Italiener Matteo Foccio (um 1265) verewigen lassen, der Baumeister der ersten steinernen Brücke in Dresden.
Die Skulptur »Die Woge«, ein wie ein Scherenschnitt aufgefächertes Kunstwerk, das einer Welle ähnelt, hat Tobias Stengel geschaffen. Sie soll an die Hochwasserkatastrophe des Jahres 2002 erinnern. Bis zum Bau

Eine Bergschwebebahn (▶ S. 55) führt vom Stadtteil Loschwitz hinauf nach Oberloschwitz. 1901 eingeweiht, ist sie die weltweit älteste ihrer Art.

der Marienbrücke im Jahr 1852 war die alte Augustusbrücke die einzige Brücke über die Elbe in Dresden. Innere Altstadt/Innere Neustadt • Straßenbahn: Theaterplatz oder Neustädter Markt

Bergschwebebahn 👫   📖 J 3

Sie ist die älteste ihrer Art auf der Welt und wurde im Jahr 1901 in Betrieb genommen. Die Wagen hängen an einem Traggerüst, und auf der 273,80 m langen Strecke wird ein Höhenunterschied von 84 m überwunden, die Geschwindigkeit beträgt 2,5 m/Sek. Die Bergschwebebahn verbindet die Dresdner Vororte Loschwitz und Oberloschwitz.
Bei der Talstation steht als barocker Zentralbau die **Loschwitzer Kirche** (1705), die als kleine Schwester der Frauenkirche gilt. George Bähr und Johann Gottfried Fehre d. Ä. firmieren als ihre Baumeister.

Loschwitz • Talstation: Pillnitzer Landstr., Bergstation: Sierksstraße • Straßenbahn: Schillerplatz, Bus: Körnerplatz • www.dvb.de

⭐ Blaues Wunder   📖 H 3

Dresdens berühmteste Elbbrücke, die unter ihrem richtigen Namen Loschwitzer Brücke kaum jemand kennt. Kurz nach ihrer Fertigstellung 1893 erhielt sie einen grünen Anstrich, der sich schließlich leicht ins Blaue verfärbte und so zum Namen »Blaues Wunder« führte. Die Brücke mit ihrer 3500 t schweren Eisenkonstruktion, die Blasewitz und Loschwitz verbindet, war die erste strompfeilerfreie Brücke Europas und gilt als ingenieurtechnisches Meisterwerk.
Doch die Stadtväter vertrauten den Ingenieuren nicht, sie wollten sichergehen und ordneten eine Belastungsprobe an. Auf die Brücke wurden daraufhin drei Dampfwalzen

gefahren, ferner drei mit Steinen bepackte Straßenbahnloren, sechs vierspännige Pferdewagen, ein voll besetzter Straßenbahnwagen, vier gefüllte Wassersprengwagen, drei Kutschen, fünf Pferde und ein beladener Materialwagen. Da noch Platz war, marschierte eine Kompanie des Dresdner Jägerbataillons auf, und 150 Freiwillige durften sich auf dem Bauwerk versammeln. Die Brücke hielt stand. Heute sind Prüfungen gesetzlich vorgeschrieben. Alle drei Jahre erfolgt eine normale Brückenprüfung, und alle sechs Jahre ist eine Hauptuntersuchung fällig.
Loschwitz • Straßenbahn oder Bus: Schillerplatz

Botanischer Garten D 4

Rund 10 000 verschiedene Blumen und Pflanzen aus aller Welt wachsen im Freiland und in den Schauhäusern. Im Freigelände gedeihen Giftpflanzen, mit denen im Mittelalter mancher Tyrann auf »sanfte« Weise aus dem Wege geräumt wurde. Der Botanische Garten, eine wissenschaftliche Einrichtung der Universität, hatte sich bereits unmittelbar nach seiner Gründung 1815 internationales Ansehen erworben.
Großer Garten • Stübelallee 2 • Straßenbahn: Straßburger Platz • www.tu-dresden.de/bot-garten • April–Sept. tgl. 8–18, Nov., Feb. tgl. 10–16, Okt., März tgl. 10–17, Jan., Dez. tgl. 10–15.30 Uhr, Gewächshäuser tgl. ab 10 Uhr • Eintritt frei

Brühlsche Terrasse C 3

»Balkon Europas« (▶ S. 94) wird die etwa 500 m lange und bis zu 200 m breite Anlage im Stadtzentrum genannt, weil sich von ihr ein wunderschöner Blick auf die Elbe und die

Blick von den Elbwiesen (▶ MERIAN-Tipp, S. 18) zur Brühlschen Terrasse (▶ MERIAN TopTen, S. 56) und der markanten Kuppel der Frauenkirche (▶ MERIAN TopTen, S. 58).

am anderen Ufer liegende Neustadt bietet. Die meisten der heute vorhandenen Repräsentativbauten **Neues Ständehaus** (▶ S. 67), **Sekundogenitur** (▶ S. 73), **Kunstakademie/Ausstellungsgebäude** (▶ S. 65) sowie **Albertinum** (▶ S. 53) sind zu Beginn des 20. Jh. entstanden.
Altstadt • Straßenbahn: Theaterplatz oder Synagoge

Bürgerwiese   C 4
Der lang gestreckte Park zwischen dem Georgplatz und dem Großen Garten gehört zu den Oasen inmitten der City. Die im englischen Stil gestaltete Bürgerwiese schmücken zahlreiche Kunstwerke.
Großer Garten • Bürgerwiese, Parkstraße • Bus: H.-Dankner-Straße

Dreikönigskirche   C 2
»Sächsische Paulskirche« nennt der Volksmund das Gotteshaus, weil in ihr von 1990 bis 1993 – wie die Nationalversammlung Mitte des 19. Jh. in Frankfurt/Main – der Sächsische Landtag mangels geeigneter Räumlichkeiten beriet. Der im Zweiten Weltkrieg zerstörte Sakralbau bekam beim Wiederaufbau sein historisches Äußeres zurück, das Innere wurde seinem neuen Nutzungszweck als Tagungs- und Begegnungszentrum »Haus der Kirche« angepasst.
Von dem Barockaltar (1741) hat das Feuer im Februar 1945 nur einen Torso übrig gelassen, der als Mahnmal an den Zweiten Weltkrieg in dieser Form stehen bleiben wird. Vom Kirchturm bietet sich aus 45 m Höhe ein einzigartiger Rundblick.
Neustadt • Hauptstr. 23 • Straßenbahn: Neustädter Markt oder Albertplatz • Turmbesteigung März–Okt. Di 11.30–16, Mi–Fr 11–17, Sa, So 11.30–

📷 FotoTipp

LÜGENBILD
Der Beweis für angebliche Bärenstärke: eine Nahaufnahme vom Daumenabdruck von August dem Starken im Eisengeländer am Ostende der Jungfernbastei an der Brühlschen Terrasse. Man muss ja nicht verraten, dass es das Geländer zu Lebzeiten des Monarchen noch gar nicht gab. ▶ S. 56

17, Nov.–Feb. Mi 12–16, Do, Fr 10–16, Sa, So 11.30–16.30 Uhr • Eintritt 1,50 €, Kinder frei

Erlweinspeicher   B 2
Hinter dem neuen Landtagsgebäude zieht ein interessanter Hotelbau die Blicke auf sich, der mit dem benachbarten Kongresszentrum eine Einheit bildet. Das am Elbufer aufragende, von der Hotelkette Maritim (www.maritim.de) betriebene Haus entstand aus einem monumentalen, 1913 von Stadtbaurat Hans Erlwein errichteten Speicher, in dem nach der Entkernung rund 330 Zimmer eingerichtet wurden. Besonders beeindruckend sind die über zehn Etagen reichende Hotelhalle mit den gläsernen Fahrstühlen und der verglaste Restaurantanbau, den man dorthin setzte, wo sich in früherer Zeit die überdachten Laderampen befanden.
Wilsdruffer Vorstadt • Ostra-Ufer 2 • Straßenbahn: Kongresszentrum

Fernsehturm   östl. K 4
»Elbnadel« sagt der Volksmund zum höchsten Bauwerk der Stadt, das auf der Oberwachwitzer Höhe 252 m in den Himmel ragt. Millionen Menschen sausten seit Oktober 1969 mit

zwei Schnellaufzügen 148 m hinauf zur Aussichtsplattform und zu den beiden Cafégeschossen. Einen schöneren Rundblick auf Dresden und das Elbtal gab es nirgendwo anders. 1991 war Schluss mit der Herrlichkeit, die Telekom als neuer Eigentümer verschloss die Eingangstür. Ab und zu gibt es Gerüchte, das Panoramarestaurant und die Aussichtsplattform sollen wieder eröffnet werden. Doch aufgrund der hohen Sanierungskosten fand sich bis heute kein Investor.
Wachwitz • Oberwachwitzer Weg 37 • Bus: Fernsehturm

3 Frauenkirche C 3

Seit 2004 prägt die monumentale Kuppel der Frauenkirche wieder Dresdens Silhouette; am 30. Oktober 2005 erfolgte mit riesigem Medieninteresse die Weihe. Sachsens bedeutendste protestantische Kirche, ein 95 m hoher Zentralbau über quadratischem Grundriss, war am Ende des Zweiten Weltkrieges fast vollständig zerstört worden, zu DDR-Zeiten blieb die Ruine als Mahnmal stehen. 1993 begann der weitgehend aus Spenden finanzierte Wiederaufbau. Ein Drittel der verwendeten Steine sind Originale, sie sind an der dunklen Färbung erkennbar und werden dadurch auch für kommende Generationen das tragische Schicksal des Gotteshauses ablesbar machen. Von der Kuppel bietet sich aus 68 m Höhe ein schöner Blick auf Dresden.
Innere Altstadt • Neumarkt • Straßenbahn: Altmarkt • www.frauenkirche-dresden.de • Mo–Fr 10–12, 13–18 Uhr, Sa, So mit Einschränkungen • Führungen nach der Andacht Mo–Fr 12, Mo–Mi, Fr 18 Uhr • Eintritt frei • Kuppelaufstieg März–Okt. Mo–Sa 10–18, So 12.30–18, Nov.–Feb. bis 16 Uhr • Eintritt 8 €, Kinder 5 €

Fürstenzug B 3

An der Außenseite des Langen Ganges reiten alle Herrscher aus dem Hause Wettin, insgesamt 35 Markgrafen, Kurfürsten und Könige. Das mit 957 qm größte Porzellanbild der Welt ist nicht nur Ahnengalerie der Wettiner, sondern auch ein Album europäischer Geschichte. Kenner des Dresdner Hofes werden König Friedrich August III. vermissen, den letzten Regierenden. Er ist auf dem 101,9 m langen Fries nicht zu sehen, weil er 1872, als mit dem Kunstwerk begonnen wurde, erst sieben Jahre alt war. Der Fürstenzug in seiner heutigen Art entstand 1904 bis 1907 aus 25 000 Meissener Porzellankacheln, er zeigt 93 Personen.
Innere Altstadt • Augustusstraße • Straßenbahn: Theaterplatz oder Altmarkt

Garnisonskirche St. Martin

 nördl. D 1

Ungefähr 10 000 Soldaten waren vor mehr als 100 Jahren im Dresdner Norden stationiert, für sie entstand 1893 bis 1900 die Garnisonskirche

---

📷 FotoTipp

TURMAUFNAHMEN

Dresdens Altstadt lässt sich vom Rathaus-, Hausmanns-, Kreuzkirchen- und Frauenkirchenturm gut fotografieren. Von allen bieten sich spannende Motive. Sparfüchse werden die Kreuzkirche wählen: Dort zahlt man, um aus 54 m Höhe fotografieren zu dürfen, 3 €. Die Frauenkirche verlangt 8 €, dafür steht man nochmals 13 m höher. ▶ S. 64

als Doppelkirche mit 2400 Sitzplätzen – 2000 im evangelischen und 400 im katholischen Teil. Sie war bis 1945 ausschließlich für Angehörige der Armee und deren Familienmitglieder bestimmt, seitdem wird nur noch der katholische Teil sakral genutzt. Das Gotteshaus zählt zu den schönsten Bauten des Historismus in Dresden, von besonderer Anmut ist der farbenfrohe und mit byzantinischen Anklängen gestaltete Altarraum.
Albertstadt • Stauffenbergallee 9 • Straßenbahn: Stauffenbergallee • unregelmäßige Öffnungszeiten

Gewandhaus C 3
Der Barockbau hinter dem Rathaus wurde in den Jahren 1768 bis 1770 für die Gewandschneider der Stadt errichtet. Deren altes Zunfthaus hatte im Siebenjährigen Krieg die preußische Artillerie zerstört, deshalb wird der Neubau oft auch als Neues Gewandhaus bezeichnet.

Nach der Zerstörung im Februar 1945 wurde das Haus als Hotel wieder aufgebaut (▸ Seaside Gewandhaus Hotel, S. 24). Die Nordwestecke des Bauwerks ziert seit den 1960er-Jahren ein schöner Barockbrunnen; er stammt aus den Trümmern des im Zweiten Weltkrieg zerstörten Hauses von Hofjuwelier Johann Melchior Dinglinger. In der nahen Weißen Gasse plätschert heute der **Gänsediebbrunnen** (1876–1880), der früher auf dem Ferdinandplatz stand.
Altstadt • Gewandhausstraße • Straßenbahn oder Bus: Pirnaischer Platz

Gläserne Manufaktur D 4
Der Volkswagenkonzern errichtete auf dem Gelände des ehemaligen Messezentrums eine innovative Produktionsstätte. Der erste Pkw rollte Ende 2001 vom Montageband. Die Manufaktur mit ihrer begehbaren Visionskugel ist längst ein touristisches Highlight der Stadt.

WEGZEITEN (IN MINUTEN) ZWISCHEN WICHTIGEN SEHENSWÜRDIGKEITEN
* mit öffentlichen Verkehrsmitteln

	Albertinum	Albertplatz	Blaues Wunder	Brühlsche Terrasse	Großer Garten	Hauptbahnhof	Hofkirche	Schloss Pillnitz	Semperoper	Zwinger
Albertinum	–	4*	25*	1	20	20	6	40*	7	8
Albertplatz	4*	–	15*	5*	10*	9*	20	35*	20	20
Blaues Wunder	25*	15*	–	30*	12*	20*	25*	15*	25*	35*
Brühlsche Terrasse	1	5*	30*	–	20	20	5	40*	10	10
Großer Garten	20	10*	12*	20	–	15	25	25*	25	25
Hauptbahnhof	20	9*	20*	20	15	–	25	40*	25	20
Hofkirche	6	20	25*	5	25	25	–	40*	1	2
Schloss Pillnitz	40*	35*	15*	40*	25*	40*	40*	–	40*	40*
Semperoper	7	20	25*	10	25	25	1	40*	–	1
Zwinger	8	20	35*	10	25	20	2	40	1	–

Großer Garten • Straßburger Platz • Straßenbahn: Straßburger Platz • www.glaesernemanufaktur.de • Führungen nach Voranmeldung ca. 14 Tage (max. 8 Wochen) im Voraus über Tel. 4 20 44 11 • Mo–Fr 8.30–19, Sa, So 9–18 Uhr • Ticket 5 €, Kinder 3 €

Goldener Reiter C 2

Das Reiterstandbild von August dem Starken (1736) ist mit Blattgold belegt, was ihm den Namen Goldener Reiter einbrachte. Der kunstsinnige Kurfürst mit römischem Schuppenpanzer sitzt hoch auf einem kurbettierenden Pferd. Das Denkmal am Neustädter Markt überstand die Bombennacht des 13. Februar 1945, weil man es vorsorglich zerlegt und ausgelagert hatte. Von der Bebauung des Neustädter Markts dagegen blieb 1945 nichts erhalten.

Die beiden **Eckbrunnen** von 1742 standen einst am im Zweiten Weltkrieg zerstörten Neustädter Rathaus. Auf der anderen Straßenseite steht das **Blockhaus**, das ab dem Jahr 1755 als Neustädter Wache diente.

Neustadt • Neustädter Markt • Straßenbahn: Neustädter Markt

Großer Garten C 4–E 5

Dresdens größte, schönste und älteste Parkanlage mit einem 34 km langen Wegenetz. Sollten nach vielem Sightseeing die Beine müde geworden sein, lädt die Parkeisenbahn zur 5,6 km langen Rundfahrt ein. Im Jahr 2000, im 50. Jahr ihres Bestehens, bekam sie am Straßburger Platz eine Wendeschleife und wurde in den Südbereich der Gläsernen Manufaktur von VW integriert. Der Große Garten bietet nicht nur Erholung, sondern auch Freizeitvergnügen. Auf dem Carolasee kann man Boot fahren, im Parktheater am Palaisteich finden vielfältige Aufführungen statt, und in der Freilichtbühne gibt es Filmvorführungen und Konzerte. In der Parkmitte bekam das Palais seinen Platz, Sachsens frühester Barockbau (▸ S. 101).

Großer Garten • Zugänge über Lennéstraße, Stübelallee, Karcherallee, Tiergartenstraße • Straßenbahn: Großer Garten, Bus: Comeniusplatz • www.grosser-garten-dresden.de

Hauptbahnhof B 4

Der 1892 bis 1895 errichtete Hauptbahnhof, der zugleich als Kopf- und Durchgangsbahnhof dient, wurde in den Jahren 2001 bis 2005 umgebaut. Den Entwurf dafür lieferte der englische Stararchitekt Sir Norman Foster. Seitdem krönt den Bahnhof, der mittlerweile zu einem recht beliebten Shoppingcenter wurde, wieder die 1945 zerstörte gläserne Kuppel. Unvergessen sind die Bilder aus den Oktobertagen des Wendejahres 1989, als mehr als 2000 Menschen in den Bahnhof drängten. Sie hofften, während der Durchfahrt auf einen der Sonderzüge aus Prag aufspringen zu können, die ausreisewillige DDR-Bürger von der dortigen Botschaft über das Territorium der DDR in die Bundesrepublik brachten. Ebenfalls unvergessen sind die Bilder vom August 2002, als das Erdgeschoss des Bauwerks während der Jahrhundertflut komplett unter Wasser stand.

Seevorstadt • Wiener Platz 4 • Straßenbahn: Hauptbahnhof

Hauptstraße

Verbindung zwischen dem Neustädter Markt und dem Albertplatz. Die Straße wurde in den 1970er-Jahren zum reizvollen Fußgängerboulevard

25 000 Fliesen aus Meissener Porzellan, 102 m lang: der Fürstenzug (▶ S. 58). Fast unbeschadet überstand er die Bombennächte des Zweiten Weltkriegs.

umgestaltet, mit Platanen sowie Rasenflächen mit Statuen. Die beiden gusseisernen, 25 m hohen Fahnenmasten am Beginn der Straße entstanden 1882, als Vorbild dienten die Masten auf dem Markusplatz in Venedig. Die Bebauung der Straßenostseite erfolgte in einfallsloser DDR-Einheitsarchitektur, die Westseite säumen Bürgerhäuser, darunter das zum Museum gewordene **Kügelgenhaus** mit der Hausnummer 13, in dem der Maler Gerhard von Kügelgen (1772–1820) seinerzeit mit seiner Familie wohnte (▶ Museum der Dresdner Romantik, S. 85).

Im Hinterhof des Hauses Nr. 19 befindet sich das **Societaetstheater**, das 1779 das erste bürgerliche Theater Dresdens war. Die parallel zur Hauptstraße verlaufende Königstraße gilt – vor allem nach den umfangreichen Restaurierungsarbeiten der letzten Jahre – zusammen mit der Rähnitzgasse als eine der schönsten Barockstraßen Deutschlands.

Neustadt • Straßenbahn: Neustädter Markt oder Albertplatz

Hellerau ▶ S. 107, b 2

Deutschlands erste Gartenstadt. Doch der Name Hellerau ist fast jedem Ex-DDR-Bürger aus anderem Grund geläufig: Möbel aus Hellerau standen in Hunderttausenden Wohnungen des dahingeschiedenen Staates. Kein Möbel verzeichnete jemals in Europa eine solche Variabilität und einen solchen Erfolg wie das zu DDR-Zeiten in Großfertigung hergestellte MDW-Programm (Montagemöbel der Deutschen Werkstätten).

Die Hellerauer Möbelwerkstätten errangen in der ersten Hälfte des 20. Jh. zahlreiche internationale Auszeichnungen. Auch heute belegen sie ihre Qualität mit der Ausführung repräsentativer Aufträge, so etwa mit der Ausstattung des neuen Sächsischen Landtags. Die Arbeitnehmer von der Mietskaserne erlösen, wohnen und arbeiten, Kultur und Natur miteinander verbinden, das strebten die Hellerau-Gründer 1908 an. In der hügeligen, waldreichen Gegend am Rande der Dresdner Heide, neben den Gebäuden der Möbelfabrik, ließen sie schlichte Kleinwohnhäuser errichten. Den geistigen und kulturellen Mittelpunkt bildete das Festspielhaus (1910–1912), das bis zu ihrem Abzug 1994 die östliche Siegermacht des Zweiten Weltkriegs nutzte. 2004 öffnete auf dem Festspielhausgelände das Europäische Zentrum der Künste.

Hellerau • Straßenbahn: Festspielhaus Hellerau • www.hellerau.org

Hofkirche
▶ Kathedrale St. Trinitatis, S. 64

Italienisches Dörfchen B 3
Der Name dieses Restaurantkomplexes erinnert an die italienischen Bauarbeiter und Künstler, die die Hofkirche einstmals miterrichteten.

Wohnhäuser in Hellerau (▶ S. 62). Der Möbelfabrikant Karl Schmidt ließ die Siedlung ab 1909 als erste Gartenstadt Deutschlands für seine Arbeiter errichten.

Das sandsteinverkleidete Bauwerk (1911–1913) entstand an der Stelle, an der sich früher die Wohnbaracken der Italiener befanden. Das im Zweiten Weltkrieg zerstörte klassizistische Gebäude wurde 1956 bis 1957 wieder aufgebaut, doch erst bei der 1994 vollendeten Restaurierung bekamen die Räume ihre historische Ausmalung zurück.
Altstadt • Theaterplatz • Straßenbahn: Theaterplatz

FotoTipp

CANALETTOBLICK

Der Blick des italienischen Malers Canaletto auf die Altstadt prägte das Bild von Dresden in der Welt. Canaletto stand 1748 am rechten Elbufer unterhalb der Augustusbrücke, dort, wo sich heute der Glockenspielpavillon befindet. Sein Ölgemälde hängt in der Gemäldegalerie Alte Meister. ▶ S. 54

Jägerhof   C 2

Vom Jägerhof, einem der wenigen noch vorhandenen Gebäude aus der Renaissancezeit, blieb der älteste Flügel (1617) erhalten. Das Bauwerk diente der kurfüstlichen Jagd und später als Kavalleriekaserne, 1897 zog das **Museum für Sächsische Volkskunst** (▶ S. 87) ein. Der Chronist Iccander pries im 19. Jh. »das große und trefflich ausmöblierte Jägerhaus« als eines der »Sieben Wunder Dresdens«. Die anderen »Wunder« waren: Augustusbrücke, Zwinger, Zeughaus (Albertinum), Stallhof, Japanisches Palais, Kunstkammer (mit Gemäldegalerie und Grünes Gewölbe).
Neustadt • Köpckestr. 1 • Straßenbahn: Carolaplatz

Japanisches Palais   B 2

Den Vierflügelbau im spätbarock-klassizistischen Stil, eine der Sehenswürdigkeiten der Neustadt, hatte August der Starke als »Porzellanschloss« vorgesehen. Mit den Schätzen in dem sandsteinverkleideten Bauwerk wollte er Macht und Reichtum demonstrieren, doch wie so oft konnte er seine Pläne aus Geldmangel nicht verwirklichen. In dem Palais zeigen das Museum für Mineralogie und Geologie sowie das Museum für Tierkunde Sonderausstellungen, das Museum für Völkerkunde (▶ S. 88) präsentiert den ersten Teil einer Dauerausstellung.
Im barocken Palaisgarten steht auf der Elbseite das Denkmal (1843) für König Friedrich August I. Am Elbufer befindet sich der **Glockenspielpavillon** (1936), der nach seiner Kriegszerstörung 1990 bis 1992 wieder aufgebaut wurde und in dem alle 15 Minuten 25 Glocken erklingen.
Neustadt • Palaisplatz • Straßenbahn: Neustädter Markt

Johanneum   B 3

In dem prachtvollen Renaissancebauwerk (1586–1590) standen einst die Pferde und Kutschen der Kurfürsten. Mehrere Umbauten haben das Stallgebäude, das einige Zeit auch die Bildergalerie und später das Historische Museum beherbergte, stark verändert. Seit dem Jahr 1954 hat im Johanneum das **Verkehrsmuseum** (▶ S. 91) sein Domizil.
Der **Türkenbrunnen** vor dem Johanneum wurde nach dem Dreißigjährigen Krieg auf dem Neumarkt als Friedensbrunnen aufgestellt. Nach der siegreichen Rückkehr von Kurfürst Johann Georg III. 1683 aus dem

Türkenkrieg wurde die bekrönende Friedensgöttin Irene durch die Siegesgöttin Viktoria ersetzt, und aus dem Friedensbrunnen wurde so der Türkenbrunnen.
Altstadt • Neumarkt • Straßenbahn: Altmarkt

 **MERIAN Tipp**

KREUZCHOR-VESPERN B 3
Musikalischen Hochgenuss bietet am Samstag der berühmte Kreuzchor, einer der ältesten Knabenchöre der Welt, in der Kreuzkirche. ▶ S. 19

Kathedrale St. Trinitatis B 3
Mit 4793 qm Grundfläche ist die ehemalige katholische Hofkirche, 1738 bis 1754 errichtet, mit der Grablege der Wettiner Sachsens größter Kirchenbau. Die heutige Kathedrale des Bistums Dresden-Meißen, ein Werk des Italieners Gaetano Chiaveri, gilt als letzte große Leistung des römischen Barock.
Das komplett aus Sandstein errichtete Bauwerk schmücken in den Außennischen und auf den Balustraden 78 fast 3,50 m hohe Heiligenfiguren. Im Inneren besitzt die dreischiffige Basilika mit dem 3,5 m breiten Prozessionsgang um das Mittelschiff eine Besonderheit, denn im evangelischen Dresden sollten keine katholischen Prozessionen im Freien stattfinden. Zur eigentlich schlichten Ausstattung gehören bedeutende Kunstwerke, so das 9,30 m hohe und 4,20 m breite Altarbild »Christi Himmelfahrt« (1752–1765) mit dem 1 t schweren geschnitzten Rahmen, der prachtvolle holzgeschnitzte Kanzelkorb (1712–1722) von Balthasar Permoser sowie die Orgel (1755), das letzte und größte Werk des berühmten sächsischen Orgelbauers Gottfried Silbermann.
In den nur mit Führungen zugänglichen Grufträumen ruhen hinter 5,20 m starken Mauern in 49 Sarkophagen katholische Kurfürsten und Könige Sachsens und deren Angehörige. In einer Kapsel wird das Herz von August dem Starken aufbewahrt, sein Leib ruht dagegen im Dom zu Kraków (Krakau), der Grablege der polnischen Könige.
Altstadt • Theaterplatz/Sophienstraße • Straßenbahn: Theaterplatz • www.kathedrale-dresden.de • Mo, Di 9–18, Mi, Do 9–17, Fr 13–17, Sa 10–17, So 12–16 Uhr • Spenden erbeten

Kreuzkirche B 3
3600 Plätze bietet die Kirche, die damit zu Deutschlands größten evangelischen Gotteshäusern gehört. Bereits im 13. Jh. wurde die Kreuzkirche erstmals genannt, doch mit ihrer klassizistisch geprägten Fassade, wie sie sich heute darstellt, entstand sie erst 1764 bis 1792. Das Innere der im Februar 1945 völlig ausgebrannten Kirche wurde Anfang der 1950er-Jahre zunächst provisorisch mit hellem Rauputz versehen. Später entschloss man sich, es bei dieser Schmucklosigkeit zu belassen, um damit stets an die Grausamkeiten des Krieges zu erinnern. Das Altarbild »Kreuzigung« (1900) überstand die Feuersbrunst, ist aber seitdem vom Ruß geschwärzt.
In der **Heinrich-Schütz-Kapelle** in der Nähe des Haupteingangs befindet sich ein Nagelkreuz, das 1986 als Versöhnungsgeschenk der Kathedrale zu Coventry nach Dresden kam. Natio-

Der Dresdner Kreuzchor, einer der ältesten Knabenchöre der Welt, veranstaltet jeden Samstagabend Vespern (▶ MERIAN Tipp, S. 19) in der Kreuzkirche.

nalsozialistische Bomber hatten die englische Stadt 1940 zerstört.
Vom 92 m hohen Turm der Kirche, der 1788 vollendet wurde, bietet sich ein weiter Panoramablick rundum bis ins Elbsandsteingebirge und das Vorland des Erzgebirges.
Altstadt • Altmarkt • Straßenbahn: Altmarkt • www.dresdner-kreuzkirche.de • Mo–Fr, So 10–18, Sa 10–15 Uhr • Turmbesteigung 3 €, Kinder 1 €

Kunstakademie/ Ausstellungsgebäude C 3

Die beiden formenreichen Bauten, entstanden zwischen 1887 und 1895, sind typische Beispiele des Historismus. Der seinerzeit sehr umstrittene monumentale Gebäudekomplex sollte die Rolle Dresdens als Kunst- und Kulturstadt hervorheben. Die namhaftesten Bildhauer der Stadt waren an der Gestaltung des üppigen Fassadenschmucks beteiligt. Der vierflügeligen Kunstakademie ist im spitzen Winkel das Ausstellungsgebäude des Kunstvereins angefügt. Beide verbindet eine Glaskuppel, die im Volksmund Zitronenpresse genannt wird. Sie bekrönt seit 1891 eine vergoldete geflügelte Plastik mit einem Gewicht von 1,7 t, vielfach als Nike, die Siegesgöttin, bezeichnet. Doch ihr Schöpfer, der Bildhauer Robert Henze, wollte Fama darstellen, in der römischen Dichtung die Personifikation des Gerüchts.
Altstadt • Brühlsche Terrasse • Straßenbahn: Synagoge, Bus: Pirnaischer Platz

Kunsthofpassage D 1

Fünf einst triste graue Hinterhöfe haben sich zu einem echten Hingucker verwandelt. Kreativ entstand Buntes und Kontrastreiches, längst geht es zwischen der Görlitzer und der Alaunstraße recht lebhaft zu.

Die einen kommen zum Bummeln, andere zum Einkaufen oder um sich in einer der Gaststätten mit Freunden zu treffen. Oder auch nur, um zu schauen: auf das, was die Künstler erdacht und verwirklicht haben.

Man schreitet durch den Hof der Fabelwesen mit schwebenden Figuren und Vögeln zum Hof des Lichts mit seinen blauen Hauswänden. Dann zum Hof der Metamorphosen, der das Entstehen und Vergehen in der Natur verdeutlicht, weiter zum Hof der Tiere mit fantasievoller Fassadengestaltung an den Wänden. Im Hof der Elemente trommeln die Regentropfen auf sonnengelbe Alubleche.

Äußere Neustadt • Görlitzer Str. 21–25/Alaunstr. 70 • www.kunsthof-dresden.de • Straßenbahn: Görlitzer Straße • von Frühjahr bis Herbst rauscht das Wasser im Hof der Elemente zu jeder halben und vollen Stunde Mo–Fr 13–19, Sa, So 10–20 Uhr

FotoTipp

KUNSTHOFPASSAGE

Im Hof der Elemente bietet sich für Fotografen das wohl interessanteste Motiv der Passage: ein großer Trichter im Vordergrund, der das durch verschlungene Rohre nach unten rauschende Wasser auffängt. ▶ S. 65

Lingner-Schloss G 1

1893 brachte Karl August Lingner ein antiseptisches Mundwasser auf den Markt. Er wählte den Namen Odol, zusammengesetzt aus dem griechischen Wort für Zahn (»odous«) sowie dem lateinischen Wort für Öl (»oleum«). Lingner wurde Millionär, und er konnte es sich leisten, das heute nach ihm benannte Schloss am Loschwitzer Elbhang 1906 zu erwerben. Dieses hatte 1853 der Preußenprinz Albrecht, der das benachbarte Schloss Albrechtsberg bewohnte, für seinen Kammerherrn, Baron von Stockhausen, errichten lassen.

Testamentarisch vermachte Lingner das Schloss der Stadt Dresden mit folgenden Auflagen: Der Park sei der Bevölkerung zugänglich zu machen und im Schloss ein Restaurant mit bezahlbaren Preisen einzurichten. Obwohl die Restaurierung noch andauert, hat sich das Schloss bereits jetzt zu einer Begegnungsstätte für Kunst und Kultur entwickelt.

Loschwitz • Bautzner Str. 132 • Straßenbahn: Elbschlösser • www.lingnerschloss.de

Martin-Luther-Platz D 1

Die neogotische Martin-Luther-Kirche (1883–1887) prägt diesen Platz, der von hübschen Bürgerhäusern umgeben ist. Der Kirchenbau ist ein typisches Gotteshaus aus der Zeit des Historismus. Das Eisenacher Regulativ aus dem Jahr 1861, ein Vorschriftenkatalog zur Gestaltung von protestantischen Kirchenbauten in Deutschland, schrieb vor, dass sie in historischen Stilformen zu errichten seien. Den Kugelbrunnen auf dem Platz hat 1992 Christian Meyer geschaffen. Das Wasser drückt von unten gegen die rund 1 t schwere Granitkugel, hebt sie ein wenig an, sodass sie sich bei Berührung ohne viel Mühe drehen lässt.

An der Ecke zur Pulsnitzer Straße liegt die Begräbnisstätte der jüdischen Gemeinde, der kleinste Friedhof der Stadt. Der Alte Jüdische Friedhof wurde von 1751 bis 1869

genutzt, noch rund 800 Grabsteine sind aus dieser Zeit vorhanden, alle in Richtung Jerusalem ausgerichtet.
Äußere Neustadt • Straßenbahn: Pulsnitzer Straße

Neues Rathaus   B 3
Das gewaltige sandsteinverkleidete Neue Rathaus (1905–1910) ist durch den achteckigen, genau 100 m hohen Turm weithin zu sehen, von dessen Aussichtsplattform in 68 m Höhe bietet sich ein prachtvoller Blick (derzeit geschl.). Bekrönt wird der Turm von der 5,60 m hohen Figur des »Goldenen Mannes«. Der Durchmesser des Ziffernblatts der Turmuhr beträgt 4 m, der Minutenzeiger misst 2 m.
Der unregelmäßige vier- bis fünfgeschossige Gebäudekomplex mit fünf Innenhöfen besitzt einen Gesamtumfang von 467 m, wer alle Korridore entlanglaufen möchte, muss fast 3 km zurückzulegen. Die Rekonstruktion des Neorenaissancebaus kam teilweise einem Neubau gleich.
Altstadt • Dr. Külz-Ring/Rathausplatz • Straßenbahn: Altmarkt

Neues Ständehaus   B 3
Aus Gewohnheit sagen die Dresdner oft noch Landtagsgebäude (1900–1906) zu dem Neorenaissancebauwerk an der Freitreppe zur Brühlschen Terrasse. Doch das ist es bereits seit Jahrzehnten nicht mehr. Am 14. Oktober 1907 tagte der Sächsische Landtag zum ersten Mal in dem Vierflügelbau, der im Februar 1945 fast völlig ausbrannte. Nach umfangreichen Umbauten zog 2001 das Oberlandesgericht in das Bauwerk. An der Stelle des im Zweiten Weltkrieg zerstörten großen Plenarsaals entstand als eine Art Haus im Haus der Gerichtskubus.
Altstadt • Brühlsche Terrasse/ Schlossplatz • Straßenbahn: Theaterplatz

Neumarkt   B 3
Durch seine kunst- und kulturgeschichtlich wertvollen Barockbauten war der Neumarkt bis zur Zerstörung am Ende des Zweiten Weltkriegs von internationaler Bedeutung. Der Wiederaufbau begann erst mit der Rekonstruktion der Frauenkirche nach der Einheit. Inzwischen sind auf dem historischen Stadtgrundriss zahlreiche Bauwerke wieder entstanden, sodass der Platz schon viel von seiner alten Schönheit zurückerhalten hat.
Altstadt • Straßenbahn: Altmarkt oder Theaterplatz

Palais Brühl-Marcolini   A 2
Das Palais wurde bereits 1845 zu einem Krankenhaus umgebaut. Die ursprüngliche barocke Dreiflügelanlage erfuhr in der folgenden Zeit zahlreiche Um- und Neubauten. Im 200 m langen Palais wohnte 1813 Kaiser Napoleon zwischen seinen Kriegszügen nach Böhmen und Schlesien. Innerhalb des Geländes, an der südlichen Umfassungsmauer, befindet sich der monumentale, vielfigurige **Neptunbrunnen** (1744), der zu den schönsten Barockbrunnen Dresdens gehört. Die 1945 ausgebrannte **Matthäuskirche** (1728–1730) bekam bei der Wiederherstellung eine moderne Innenausstattung. Auf dem **Inneren Matthäusfriedhof** hinter der Kirche liegt u.a. der Schöpfer des Fürstenzuges, Wilhelm Walther, begraben.
Friedrichstadt • Friedrichstraße • Straßenbahn: Waltherstraße, Bus: Friedrichstadt

Panometer 👥 📖 F6

Auf beeindruckenden 360-Grad-Gemälden nimmt Yadegar Asisi, der in Dresden Architektur studiert hat, die Besucher auf eine Zeitreise mit. Bei »Dresden im Barock« blicken die Betrachter von der 12 m hohen Aussichtsplattform wie vom Turm der Katholischen Hofkirche auf die barocke Elbestadt, wie sie Mitte des 18. Jh. ausgesehen haben könnte. Jährlich für einige Wochen rund um den Gedenktag der Bombardierung Dresdens im Februar 1945 wird das Panorama »Dresden 1945« gezeigt. Vom Rathausturm ist die zerstörte Stadt zu sehen, aus der noch die Rauchsäulen aufsteigen. Die 106 m langen und 27 m hohen Panoramagemälde von Yadegar Asisi faszinieren durch ihre ungewöhnliche Detailtreue.
Reick • Gasanstaltstr. 8 b • Straßenbahn: Liebstädter Straße, S-Bahn: Bahnhof Reick • www.asisi.de • Di–Fr 10–17, Sa, So, feiertags 10–18 Uhr • Eintritt 11,50 €, Kinder 6 €

Pfunds Molkerei 👥 📖 D1

Der schönste Milchladen der Welt – behaupten die Dresdner und das wohl mit Recht, denn immerhin steht es so im Guinnessbuch der Rekorde. Mehr als 3500 handgemalte plastische Majolikafliesen zieren die Wände, Decken und den Verkaufsstand. Sie zeigen weidende Kühe, erzählen von der Milchherstellung und -verarbeitung sowie dem Verkauf. 1891 ließ Paul Gustav Pfund diesen Laden errichten. Er war der Erste, der Kondensmilch herstellte und die Pasteurisierung der Milch einführte. Zu DDR-Zeiten verfallen, wurde der Verkaufsraum sorgfältig restauriert und zählt nun zu den touristischen Highlights. Manch einer kommt aber auch, weil er hier die größte Käseauswahl Dresdens vorfindet, auch an Sonnabenden und Sonntagen.
Äußere Neustadt • Bautzner Str. 79 • Straßenbahn: Pulsnitzer Straße • www.pfunds.de • Mo–Sa 10–18, So 10–15 Uhr

Prager Straße 📖 B4

Wer Bilder von der Prager Straße vor dem Zweiten Weltkrieg sieht, wird sie nicht wiedererkennen: Die enge, oft nur 14 m breite Straßenschlucht ging im Bombenhagel von 1945 komplett unter, entstanden ist ab 1965 eine breite Fußgängerpromenade mit vier Hotels, einem Kino, Warenhäusern sowie Freiflächen. Eines aber ist die Prager Straße bis heute geblieben, eine bei den Dresdnern beliebte Flaniermeile. Die Prager Straße endet am **Wiener Platz** mit dem 1898 eröffneten **Hauptbahnhof** (▶ S. 60).
Altstadt • Straßenbahn: Prager Straße

⭐ Raddampferflotte 👥 📖 C3

Neun stilecht restaurierte Schiffe mit roten Schaufelrädern im wappenverzierten Radkasten gehören zur größten und ältesten Raddampferflotte der Welt. Das älteste Schiff der Flotte ist die »Stadt Wehlen«, die im Jahr 1879 vom Stapel lief. Die beiden großen, komfortablen Salonschiffe »Gräfin Cosel« und »August der Starke« haben erst 1994 die Werft verlassen.

📷 FotoTipp

SCHAUFELRADDAMPFER

Stellen Sie sich am Spätnachmittag auf die Augustusbrücke und warten Sie, bis die Raddampfer langsam zur Anlegestelle zurückkehren. ▶ S. 68

Schiffspartie auf der Elbe mit dem Raddampfer (▶ MERIAN TopTen, S. 68). Die neun Schiffe bilden die größte und älteste Flotte dieser Art auf der Welt.

Wie Ende des 19. Jh. zuckeln die Schiffe elbaufwärts in die Sächsische Schweiz oder elbabwärts entlang der Sächsischen Weinstraße über Meißen bis nach Diesbar-Seußlitz.
Altstadt • Terrassenufer unterhalb der Brühlschen Terrasse • Straßenbahn: Theaterplatz • Auskunft: Tel. 86 60 90 • www.saechsische-dampfschiffahrt.de

Residenzschloss B 3

Das monumentale Bauwerk, einst Sitz der sächsischen Kurfürsten und Könige, entstand nach der Zerstörung im Zweiten Weltkrieg in neuer Pracht wieder. Das Schloss wird das Zentrum der **Staatlichen Kunstsammlungen** bilden und somit eines der bedeutendsten Kunst- und Kulturzentren Europas werden. Das Grüne Gewölbe (▶ S. 83), das Kupferstichkabinett, das Münzkabinett, die Fürstengalerie mit den Bildern der einstmals im Schloss residierenden Kurfürsten und Könige sowie Teile der Rüstkammer (▶ S. 89) sind schon eingezogen. Fertiggestellt sind die **Schlosskapelle**, die den sächsischen Kurfürsten als geistliches und musikalisches Zentrum diente, sowie der 100 m hohe **Hausmannsturm** (1674–1676). Von dem nordwestlichen Eckturm des Schlosses reicht der Blick weit über die Landeshauptstadt und die Umgebung. Doch zuvor sind noch die 222 Stufen bis zur Aussichtsplattform hinaufzusteigen (April–Okt. Mi–Mo 10–18 Uhr).

Sachsens historisch vielfältigstes und reichstes Baudenkmal ist das Werk namhafter Baumeister, die es vom 12. bis zum Ende des 19. Jh. geschaffen haben. Das typische Erscheinungsbild der Neorenaissance bekam das Schloss, dessen Gebäude sich um drei Innenhöfe gruppieren, bei einer umfassenden Erneuerung 1889 bis 1901, der Südflügel wurde seinerzeit völlig neu errichtet.

Der Wiederaufbau gab dem Schloss nicht das Aussehen zurück, das es vor der Zerstörung 1945 hatte. Man wählte für bestimmte Zeitepochen typische Grundrisse und Fassadengestaltungen aus. So erhielten die Fassaden und Giebel im Großen Schlosshof das Aussehen von 1557, die Straßenfassaden zeigen sich wie nach dem letzten Umbau 1889 bis 1901.
Altstadt • Schlossplatz/Sophienstraße • Straßenbahn: Altmarkt oder Theaterplatz

Rosengarten   D 2

1935/1936 bekam die Neustädter Elbseite, als Gegenstück zur architekturbetonten Altstädter Uferseite, mehrere gestaltete Gärten. Einer von ihnen ist der 29 500 qm große Lehr- und Schaugarten beim Rosa-Luxemburg-Platz mit rund 6000 Rosenstöcken – der Rosengarten. Einen Blickfang unter den künstlerischen Arbeiten bildet eine nackte Dame des Bildhauers Felix Pfeifer. Die Bronzeplastik kam 1936 unter dem Namen »Beglückende Schönheit« (jetzt »Genesung«) zur Reichgarten-

Die Bronzestatue »Genesung« von Felix Pfeifer kam 1936 anlässlich der Reichsgartenschau nach Dresden. Später wurde sie im Rosengarten (▶ S. 70) aufgestellt.

schau nach Dresden. Die Dresdner liebten das Bronzemädchen, und so blieb es als Geschenk in der Stadt. Nach Fertigstellung des Rosengartens fand sie hier ihren neuen Platz.
Innere Neustadt • Carusufer • Straßenbahn: Rosa-Luxemburg-Platz

Russisch-Orthodoxe Kirche B 5
Die sechs Zwiebeltürme mit Kreuzen obenauf bieten einen märchenhaften Anblick. Die Kirche entstand 1874 im altrussischen Stil für die am sächsischen Königshof akkreditierte russische Gesandtschaft. Den Hauptraum trennt eine Ikonenwand aus weißem Marmor vom Altarbezirk, der nur den Priestern zugänglich ist.
Südvorstadt • Fritz-Löffler-Str. 19 • Straßenbahn oder Bus: Reichenbachstraße

Sächsische Landesbibliothek – Staats- und Universitätsbibliothek (SLUB) B 6
Die 1556 angelegte Privatbibliothek von Kurfürst August von Sachsen bildete den Grundstock, später kamen noch die Bibliotheken der Grafen Brühl und Bünau dazu. Bereits 1788 wurde die Bibliothek, seinerzeit eine der größten in Deutschland, öffentlich zugänglich gemacht. Im Zweiten Weltkrieg verlor sie ihre Räumlichkeiten im Japanischen Palais und einen Großteil des Buchbestandes. Nach jahrzehntelangem Provisorium bezog die Bibliothek 2002 einen 92 Mio. € teuren Neubau. Mit knapp 9 Mio. Bestandseinheiten zählt die Einrichtung zu den bedeutendsten wissenschaftlichen Allgemeinbibliotheken Deutschlands. Zu ihr gehören das **Buchmuseum** (▶ S. 19) und die **Deutsche Fotothek** mit fast 4 Mio. Bilddokumenten.

⭐ 9 MERIAN Tipp

ST.-PAULI-RUINE nördl. C 1
Die St.-Pauli-Ruine gilt als Dresdens ungewöhnlichster und romantischster Veranstaltungsort. Zu den mehr als 100 Darbietungen, die jedes Jahr in der warmen Jahreszeit stattfinden, gehören Operetten ebenso wie Theaterstücke und Lesungen. ▶ S. 19

Südvorstadt • Zellescher Weg 18 • Bus: Staats- und Universitätsbibliothek • www.slub-dresden.de

Sächsischer Landtag B 2
1994 konnten sich Sachsens Parlamentarier erstmals in ihrem neuen modernen Plenarsaal versammeln. Der aus Dresden stammende Architekt Peter Kulka hatte den Entwurf für das transparente Gebäude am Elbufer geliefert, das bis heute viel Beifall findet. Das 1990 erstmals nach vier Jahrzehnten wiedergewählte Landesparlament musste vorübergehend in der **Dreikönigskirche** tagen, weil das alte Landtagsgebäude an der Brühlschen Terrasse nicht mehr den heutigen Ansprüchen eines modernen Parlaments entspricht.
Hinter dem neuen Landtagsgebäude zieht der **Erlweinspeicher** den Blick auf sich. Stadtbaurat Hans Erlwein, nach dem das Bauwerk benannt ist, errichtete ihn 1912 als eine der ersten selbsttragenden Stahlbaukonstruktionen Europas. Der 40 m hohe und 70 m lange ehemalige Tabak- und Baumwollspeicher, der die Altstadtsilhouette mitprägt, wurde zu einem modernen Kongresshotel umgebaut.
Altstadt • Neue Terrasse • Straßenbahn: Theaterplatz

SEHENSWERTES

Schauspielhaus B 3
Seit 1995 erstrahlt der Zuschauerraum wieder in seiner originalen festlichen Jugendstilschönheit. Nach dem Bombenangriff vom Februar 1945 war er vorläufig in vereinfachten Formen wiederhergestellt worden. Das Schauspielhaus galt bei der Fertigstellung 1913 als Europas modernste Sprechbühne.
Altstadt • Theaterstr. 2 • Straßenbahn oder Bus: Postplatz • www.staats schauspiel-dresden.de

Schloss Albrechtsberg G 1
Prinz Albrecht von Preußen hatte Rosalie von Rauch, die spätere Gräfin von Hohenau, geheiratet, was am Hof als nicht standesgemäß galt. Der jüngste Bruder von König Friedrich Wilhelm III., dem späteren Kaiser Wilhelm I., verließ deshalb Berlin und wählte Dresden als seinen neuen Wohnsitz. Oberhalb des Elbhangs ließ er sich ein sandsteinverkleidetes Schloss im spätklassizistischen Stil erbauen. Auf diese Art kam Dresden zu diesem repräsentativen Bauwerk, in dem heute Konzerte, Bälle, Empfänge und Bankette stattfinden. Der Park ist seit 1930 öffentlich, zu DDR-Zeiten wurde das Schloss als Pionierpalast genutzt.
Loschwitz • Bautzner Str. 130 • Straßenbahn: Elbschlösser • www. schloss-albrechtsberg.de • Zugang zum Schloss nur bei Veranstaltungen

Schloss Eckberg G 1/2
Der Großkaufmann John Diel Souchay ließ sich das Bauwerk im Stil englischer Burgen von 1859 bis 1861 auf einem Felsvorsprung des Berghangs errichten. Ab dem Jahr 1926 war es das Domizil des Apothekers Ottomar Heinsius von Mayenburg, der die Zahnpastamarke »Chlorodont« entwickelt hatte und damit zu viel Geld gekommen war. Zu DDR-Zeiten war es als »Jugendtouristikhotel« für Jugendliche reserviert. Wie auch die beiden anderen Elbschlösser Lingner und Albrechtsberg ist das heute als Hotel genutzte Anwesen von einem schönen Park umgeben.
Loschwitz • Bautzner Str. 134 • www.schloss-eckberg.de • Straßenbahn: Elbschlösser

⭐ Schloss und Park Pillnitz ▶ S. 107, c 3
Die einstige Sommerresidenz des Dresdner Hofes gehört zu den wichtigsten Besichtigungspunkten der Stadt. Die Gäste von August dem Starken kamen seinerzeit oft mit Gondeln auf der Elbe angereist, die heutigen Gäste lassen sich auf dem Fluss mit Schaufelraddampfern nach Pillnitz tragen. Die Anlage entstand zu verschiedenen Zeiten. Die ältesten Bauwerke, herrlich in die Landschaft eingefügt, sind das Wasser- sowie das Bergpalais (beide Kunstgewerbemuseum), die zu den größten Chinoiseriebauten der Welt zählen. Das Neue Palais (heute Schlossmuseum) mit dem Uhrtürmchen konnte 1822 bezogen werden. Der barocke Lustgarten zwischen den drei Palais wurde Ende des 18. Jh. um einen Englischen Garten erweitert.

Von dort führt der Weg um einen Teich zum Englischen Pavillon und zu einer dendrologischen Seltenheit in Europa: der Japanischen Kamelie. Sie ist das einzige von vier Exemplaren, die 1767 aus Japan nach Europa gelangt waren. Von Februar bis April schmückt sie sich mit etwa 30 000 karminroten Blüten. Geschützt wird die Kamelie in der kalten Jahreszeit

von einem gläsernen, 13,2 m hohen Haus, in dem Temperatur, Luftfeuchtigkeit, Beschattung und Belüftung computergesteuert geregelt werden.
Pillnitz • Straßenbahn: Kleinschachwitz, dann Fähre oder Bus: Pillnitzer Platz • www.schlosspillnitz.de • Eintritt in Park 2 €

Sekundogenitur B 3

Der lateinische Name stammt aus der Zeit, als das Bauwerk dem zweitgeborenen Prinzen gehörte, dem die Königliche Graphiksammlung übertragen war und der sie darin aufbewahrte. Einst war das Gebäude die Bibliothek des Grafen Brühl, sein heutiges Aussehen bekam es ab 1896. Eine Verbindungsbrücke bezieht die Sekundogenitur in den Komplex des Hotels Hilton Dresden ein.
Altstadt • Brühlsche Terrasse • Straßenbahn: Theaterplatz

6 Semperoper (Sächsische Staatsoper) B 3

Das Opernhaus gehört zu den schönsten Musiktheatern Europas und zählt zu den Höhepunkten eines Dresden-Besuchs. Allgemein wird die Sächsische Staatsoper nach ihrem Baumeister nur Semperoper genannt. Das heutige Gebäude ist die dritte Oper des Architektengenies Gottfried Semper an dieser Stelle: Die erste schuf er von 1828 bis 1841, nach einem Brand entstand die Oper 1871 bis 1878 zum zweiten Mal, am 13. Februar 1985, genau 40 Jahre nach ihrer Zerstörung im Zweiten Weltkrieg, wurde sie mit Webers »Freischütz« wiedereröffnet.
Die Rekonstruktion nach den Zerstörungen des Krieges stellte den Originalzustand des zweiten Semperbaus mit der kolossalen Fassade, im Stil der italienischen Hochrenaissance, wieder her. Der Zuschauerraum bekam seine kostbare Ausstattung zurück, auch das reiche Dekor entstand originalgetreu, die Akustik gilt als exzellent.
Altstadt • Theaterplatz • Straßenbahn: Theaterplatz • Tel. 7 96 63 05 • Führungen unter www.semperoper-erleben.de • Eintritt 10 €, Kinder 6 €

Stallhof und Langer Gang B 3

Der Stallhof sah prunkvolle Turniere und Hetzjagden, er gilt als der älteste, original erhaltene Platz dieser Art auf der Welt. Die beiden bronzenen Ringelstechsäulen aus dem Jahr 1601 sowie die Pferdeschwemme sind Originale. Begrenzt wird der Stallhof zur Augustusstraße vom **Langen Gang** (1586–1588), der das Johanneum mit dem Georgenbau des Residenzschlosses verbindet. Die offene Bogenhalle des lang gestreckten Bauwerks wird von 20 toskanischen Säulen getragen. Die Wappen zwischen den Säulen zeigen die damaligen wettinischen Landesteile.
Altstadt • Augustusstraße • Straßenbahn: Theaterplatz oder Altmarkt

Standseilbahn J 2/3

1895 wurde die Standseilbahn in Betrieb genommen. Die Bewohner der heute längst zu Dresdner Stadtteilen gewordenen Dörfer Weißer Hirsch und Bühlau waren zufrieden: Der Höhenunterschied von 94 m zum Loschwitzer Tal brachte sie nicht mehr ins Schwitzen. Die Strecke ist 547 m lang, die maximale Geschwindigkeit beträgt 5 m/Sek.
Loschwitz • Talstation: Körnerplatz, Bergstation: Bergbahnstraße • Straßenbahn: Schillerplatz, Bus: Körnerplatz • www.dvb.de

SEHENSWERTES

Synagoge C 3
63 Jahre nach ihrer Zerstörung durch die Nationalsozialisten hat Dresden wieder eine Synagoge bekommen. Sie entstand 2001 an gleicher Stelle, wo das von Gottfried Semper erbaute Gotteshaus der Dresdner Juden in Flammen aufging. Der Davidsstern, der original erhalten geblieben ist, erinnert über dem Eingang des neuen Gebetshauses an die zerstörte Synagoge.
Altstadt • Hasenberg 1 • Straßenbahn: Synagoge, Bus: Pirnaischer Platz • Termine für Führungen (1 Std.) über www.hatikva.de • Preis 6 €, Kinder 4 €

Taschenbergpalais B 3
August der Starke ließ für seine Mätresse, die Reichsgräfin von Cosel, zwischen Zwinger und Residenzschloss dieses Palais (um 1705) erbauen. Der West- und Ostflügel des prachtvollen Gebäudes kamen einige Jahre später hinzu, als die jeweiligen Kurprinzen für sich und ihre Familien Wohnungen benötigten. Die Bombennacht im Februar 1945 verwandelte das Palais dann in eine Ruine. Nach der Rekonstruktion wurde es zum Kempinski-Luxushotel umfunktioniert, in dem 1995 die ersten Gäste logierten. Der neogotische **Cholerabrunnen** (1843–1846) vor dem Westflügel wurde aus Dank dafür gestiftet, dass Dresden von der um 1840 in Europa herrschenden Cholera-Epidemie verschont blieb.
Altstadt • Am Taschenberg/Sophienstraße • Straßenbahn oder Bus: Postplatz, Bus: Theaterplatz

Technische Universität A 6
Der 40 m hohe, silbern glänzende Beyerbau mit Turmkuppel am Fritz-Foerster-Platz wurde zum Wahrzeichen des Universitätsareals. Die meisten Instituts- und Lehrgebäude tragen die Namen bedeutender Wissenschaftler. Im ehemaligen Landgericht am Münchner Platz, dem heutigen zur Universität gehörenden Georg-Schumann-Bau, richteten die Nationalsozialisten mehr als 1000 Menschen hin. Die **Mahn- und Gedenkstätte** sowie die Bronzegruppe »Widerstandskämpfer« von Arndt Wittig hält die Erinnerung an diese Menschen wach.
Südvorstadt • Münchner Straße/ Bergstraße/Nöthnitzer Straße • Bus: Technische Universität

Theaterplatz B 3
Zweifellos einer der schönsten Plätze Europas. Umrahmt wird er von **Semperoper** (▶ S. 73), **Gemäldegalerie Alte Meister** (▶ S. 82), **Residenzschloss** (▶ S. 69), **Hofkirche** (▶ S. 64), **Italienisches Dörfchen** (▶ S. 62) sowie der **Altstädter Wache** (1830–1832), die Preußens großer Baumeister Karl Friedrich Schinkel im Stil des Klassizismus geschaffen hat. Das Bauwerk hat eine frappierende Ähnlichkeit mit Schinkels Neuer Wache in Berlin. Das in der Mitte des Platzes stehende **Denkmal** (1889) zeigt König Johann, der den Wissenschaften sehr zugetan war. Johann, der 1854 König von Sachsen geworden war, gehörte rund 30 europäischen wissenschaftlichen Gesellschaften an. Zwischen Oper und Gemäldegalerie steht die überlebensgroße **Statue** von Carl Maria von Weber, die Ernst Rietschel um 1855 geschaffen hat. Weber war von 1816 an zehn Jahre Musikdirektor der neu gegründeten Deutschen Oper in Dresden.
Altstadt • Straßenbahn: Theaterplatz

Dresdens moderne kubusförmige Synagoge (▶ S. 74) – sie entstand dort, wo im Jahr 1938 das jüdische Bethaus zerstört wurde.

Waldschlösschenbrücke E/F 1/2
Der jahrelange Streit um die Waldschlösschenbrücke hat sich gelegt, der Verkehr rollt seit Kurzem reibungslos über das neue Bauwerk. In einem Bürgerentscheid hatten sich 2005 67,9 % der Dresdner für den Brückenbau ausgesprochen. Die Protestierer hatten u. a. mit der nur 4 cm langen Kleinen Hufeisennase aufgetrumpft, einer Fledermausart die angeblich in der Gegend leben soll, die aber noch keiner zu Gesicht bekam. Immerhin erzwangen sie einen dreimonatigen Baustopp. Mehr Wirkung entfaltete die UNESCO: Dieser war der im Elbtal liegende Bau zu monumental, und sie drohte mit dem Entzug des Welterbetitels.
Die Dresdner machten daraufhin die Bogenfüße 60 % schlanker und den Brückenbogen flacher und schmaler. Man verzichtete auch auf Laternen entlang der Fahrbahn und baute LED-Leisten in die Brückengeländer ein. Zu spät: Die 635 m lange und 182 Mio. € teure Waldschlösschenbrücke hat Dresden 2009 den Welterbetitel gekostet, was kaum jemand nachvollziehen kann, der das sich harmonisch in die Landschaft einfügende Bauwerk persönlich gesehen hat.
Loschwitz–Blasewitz • Straßenbahn: Waldschlösschen, Bus: Johannstadt

Weinbergkirche »Zum heiligen Geist« südöstl. K 6
Hinter Pillnitz ziehen sich die Weinberge nach oben, und mittendrin steht die zauberhafte Weinbergkirche mit einem Innenraum von gerade mal 20 x 10 m. Der katholische August der Starke ließ das barocke Kirchlein erbauen. Sie diente nicht nur der Gemeinde als Gotteshaus, sondern bis 1918 auch den evangelischen Mitgliedern des Königshofes, denn in der Sommerresidenz Pillnitz

gab es nur eine katholische Kapelle. In der zu DDR-Zeiten stark vernachlässigten Kirche finden seit Abschluss der Sanierungsarbeiten 1995 wieder Gottesdienste, aber auch Ausstellungen und Konzerte statt.
Pillnitz • Bergweg 3 • Straßenbahn: Kleinzschachwitz, dann Fähre oder Bus: Pillnitzer Platz • www.weinbergkirche.de • Mai–Sept. Sa, So 13–17 Uhr

World Trade Center A 3
Das moderne Bauwerk (1993–1996) steht als Symbol für den aufstrebenden Wirtschaftsstandort Dresden. Das World Trade Center soll zur Drehscheibe der Wirtschaftsströme zwischen West und Ost werden. Das größte und architektonisch markanteste Gebäude Dresdens der Neuzeit mit einem 60 m hohen Turm bietet ferner eine 120 m lange, glasüberdachte Einkaufsmeile, Hotel, Restaurants, Theater und vieles mehr.
Altstadt • Freiberger-, Ammon-, Materni- und Rosenstraße • Straßenbahn: Freiberger Straße

Yenidze A 2
Ein Kuriosum und eines der eigenwilligsten Wahrzeichen der Stadt: Da es entsprechend den Bauvorschriften zu Beginn des 20. Jh. nicht gestattet war, im Zentrum der Stadt Industrieanlagen mit hohen Schornsteinen zu errichten, ließ der Zigarettenfabrikant Hugo Zietz seinem Fabrikneubau (1909–1912) kurzerhand die Gestalt einer Moschee und dem Schornstein die eines Minaretts geben. Der Architekt Adolph Hammitzsch orientierte sich bei seinem Entwurf an den Kalifengräbern von Kairo. Die verglaste Kuppel der einstigen Zigarettenfabrik Yenidze in Friedrichstadt, benannt nach einem kleinen osmanischen Tabakanbaugebiet, leuchtet vielfarbig.
Altstadt • Weißeritzstraße/Magdeburger Straße • Straßenbahn oder Bus: Bahnhof Mitte

Zoologischer Garten C/D 5
1861 öffneten sich erstmals die Tore des berühmten Dresdner Zoos, der somit der älteste im Osten Deutschlands ist. Das Gelände im Südteil des Großen Gartens (▶ S. 60, 100) beherbergt zahlreiche Tierhäuser, u. a. das Afrikahaus. Der heute fast legendäre Ruhm als Zuchtstätte für Menschenaffen begann im Jahr 1873, als eine Schimpansendame erworben werden konnte. Auf 13 ha tummeln sich fast 2000 Tiere von rund 300 Arten.
Großer Garten • Tiergartenstr. 1 • Straßenbahn oder Bus: Zoo • www.zoo-dresden.de • Sommer tgl. 8.30–18.30, Winter 8.30–16.30 Uhr • Eintritt 12 €, Kinder 4 €

Zwinger B 3
Das Meisterwerk barocker deutscher Baukunst, oft als »Traum aus Sandstein« bezeichnet, gehört zu den berühmtesten Bauten Europas. Matthäus Daniel Pöppelmann schuf die Anlage (1709–1732), die Fülle an plastischem Schmuck stammt von Balthasar Permoser. Der Name Zwinger kommt aus der Festungsbaukunst im späten Mittelalter; so wurde der Freiraum zwischen der äußeren und der inneren Wehrmauer bezeichnet. Einen der architektonischen Höhepunkte bildet wegen seiner Heiterkeit und Leichtigkeit der **Wallpavillon** – der wohl vollkommenste Teil des Zwingers – mit der Figur des Herkules als Bekrönung. Er gilt als eines der Spitzenwerke europäischer

Barockarchitektur. Der **Glockenspielpavillon** auf der Südseite stellt die spiegelgleiche Wiederholung dieses Bauwerks dar. Lange Zeit war er schlicht als Stadtpavillon bekannt, bis im Jahr 1930 das Glockenspiel mit heute 24 programmierten Melodien eingebaut wurde. Das **Kronentor** schmückt die von vier vergoldeten Adlern getragene Krone, welche die polnische Königswürde von August dem Starken symbolisiert.

Eine märchenhafte Anlage hinter dem **Französischen Pavillon** ist das **Nymphenbad** mit seinen verspielten Wasserkünsten. Seinen Namen bekam es von den Wasserspielen und in Nischen stehenden Nymphen.

Der Innenhof des Zwingers, den heute Brunnen beleben, misst imposante 116 x 204 m. Zwischen den beiden Hauptpavillons und den Eckpavillons erstreckten sich Bogengalerien, die für die Orangenbäume von August II. bestimmt waren (Innenhof des Zwingers tgl. 5–22 Uhr). Der zur Elbe hin offen gebliebene Teil des Zwingers wurde erst mehr als 100 Jahre später durch das von Gottfried Semper erbaute Neorenaissancegebäude geschlossen, das die **Gemäldegalerie Alte Meister** (▶ S. 82) beherbergt. Im Zwinger haben außerdem die **Porzellansammlung** (▶ S. 89) sowie der **Mathematisch-Physikalische Salon** (▶ S. 86) ihr Domizil.

Altstadt • Theaterplatz/Sophienstraße/Ostra-Allee • Straßenbahn oder Bus: Postplatz, Straßenbahn: Theaterplatz

Museen und Galerien

Dresden hat Museen von Weltgeltung, die Kostbarkeiten von unermesslichen Werten aufbewahren, zusammengetragen von kunstsinnigen Kurfürsten und Königen.

◄ Die Porzellanmanufaktur Meißen (► S. 109) beherbergt ein Museum mit rund 3000 Exponaten.

Nach Dresden reist man, um in der **Gemäldegalerie Alte Meister** zu bewundern, was die Großen der vergangenen Jahrhunderte mit Farbe und Pinsel auf die Leinwand brachten. Raffaels »Sixtinische Madonna«, Rembrandts »Selbstbildnis mit Saskia«, Giorgiones »Schlummernde Venus«, Tizians »Zinsgroschen«, Pinturicchios »Bildnis eines Knaben« und Jean Étienne Liotards »Schokoladenmädchen« genießen Weltruhm.

Kostbare Schätze

Nach Dresden reist man aber auch, um sich im **Grünen Gewölbe**, Europas größter, reichster und ältester Schatzkammer im Residenzschloss, vom Glitzern und Funkeln betören zu lassen, das Tausende von Edelsteine in das Halbdunkel der Räume schicken. Das Neue Grüne Gewölbe birgt Meisterleistungen des Kunsthandwerks, darunter den in sieben Jahren entstandenen Tischaufsatz »Hofstaat von Delhi am Geburtstag des Großmoguls Aureng-Zeb«, der als Hauptwerk der europäischen Juwelierkunst des Barock gilt. Johann Melchior Dinglinger, der Hofgoldschmied von August dem Starken, hat mehr als 3000 Diamanten, Smaragde, Rubine und Perlen verarbeitet sowie 137 Figuren aus Gold gießen und farbig emaillieren lassen.

Den Höhepunkt der rund 30 Dresdner Museen bildet aber das Historische Grüne Gewölbe, das sich den Besuchern heute wieder so zeigt, wie es einst von August dem Starken eingerichtet worden war.

Die Museen im **Residenzschloss** (Rüstkammer, Kupferstichkabinett, Grünes Gewölbe, Münzkabinett, Fürstengalerie sowie Hausmannsturm) können – mit Ausnahme des Historischen Grünen Gewölbes – mit einem für einen Tag gültigen Kombiticket zu 12 € besucht werden. Auch für die Museen im **Zwinger** (Porzellanmuseum, Mathematisch-Physikalischer Salon, Gemäldegalerie Alte Meister) gibt es ein Kombiticket für 10 €. Kinder und Jugendliche bis 17 Jahre genießen in den Museen der Staatlichen Kunstsammlungen freien Eintritt. Weitergehende Informationen erteilt der Besucherservice Am Taschenberg/Ecke Schlossstraße (www.skd.museum, tgl. 10–18 Uhr).

Carl-Maria-von-Weber-Museum ► S. 107, c 2

Das kleine Weinbauernhaus, zwischen Strom und Elbhängen gelegen, in dem Carl Maria von Weber mit seiner Familie 1818 bis 1824 fast jährlich die Sommer verbrachte, wurde zum Museum. In dem heute mit zeitgenössischem Mobiliar ausgestatteten Haus schrieb Weber, seinerzeit Musikdirektor der Dresdner Oper, bedeutende Teile der »Freischütz«-Partitur sowie die Oper »Euryanthe« und die »Aufforderung zum Tanz«.

Hosterwitz • Dresdner Str. 44 • Bus: Van-Gogh-Straße • www.museen-dresden.de • Mi–So 13–18 Uhr • Eintritt 4 €, Kinder 3 €, Fr ab 12 Uhr frei

Deutsches Hygiene-Museum C 4

Das in Europa einmalige Museum ist seit über 90 Jahren die erste Adresse, wenn es darum geht, Wissenswertes rund um den menschlichen Körper zu erleben. Internationale Aufmerk-

Im Erich Kästner Museum (▶ S. 81) muss der Besucher selbst aktiv werden, um den Spuren des Dichters und Journalisten zu folgen.

samkeit erweckte das Museum mit dem Modell eines lebensgroßen gläsernen Menschen, was seinerzeit eine technische und wissenschaftliche Sensation war. Die Besucher kamen in Scharen, um die anatomischen Menschenmodelle aus Kunststoff zu sehen, die sich zum Exportschlager des Museums entwickelten. Die gegenwärtige Dauerausstellung zeigt auf rund 2500 qm mehr als 1300 Exponate. Sie gliedert sich in sieben Themenbereiche, u. a. in »Der gläserne Mensch«, »Sexualität«, »Leben und Sterben« sowie »Essen und Trinken«. In das Gebäude im Stil der Neuen Sachlichkeit am Rand des Großen Gartens war das Museum im Jahr 1930 eingezogen.
Altstadt • Lingnerplatz 1 • Straßenbahn: Deutsches Hygiene-Museum oder Großer Garten • www.dhmd.de • Di–So 10–18 Uhr • Eintritt 7 €, Kinder und Jugendliche bis 16 Jahre frei

Eisenbahnmuseum 👫 📖 westl. A 5
Dampfrösser verbringen im einstigen Bahnbetriebswerk Dresden-Altstadt ihren Ruhestand. In den Ringschuppen standen in den 1920er-Jahren bis zu 120 Schnellzuglokomotiven. Nach der deutschen Einheit hatte die Deutsche Bahn keinen Bedarf mehr für diesen Standort. Eisenbahnfans konnten den Erhalt der historischen Anlagen bewirken, in denen 2002 das Eisenbahnmuseum öffnete.
Besichtigt werden können nun Trieb- und Arbeitswagen, zwei Schienendrehkräne, fünf Diesel- und mehr als zehn Dampflokomotiven, darunter die in der Sächsischen Maschinenfabrik Hartmann in Chemnitz gebaute Schnellzuglokomotive 19017, die vornehmlich in dieser Region durch die Landschaft dampfte. Die Höchstgeschwindigkeit betrug 130 km/h, 2240 PS Leistung besaßen die Loks unter ihrer Verkleidung. »Sachsen-

stolz« nannte man die insgesamt 23 Schnellzuglokomotiven dieser Baureihe, die seinerzeit als die leistungsfähigsten auf dem gesamten europäischen Festland galten.
Altstadt • Zwickauer Str. 86 • Straßenbahn: Nürnberger Platz, Bus: Zwickauer Straße, Chemnitzer Straße • www.igbwdresden-altstadt.de • Öffnungszeiten unter Tel. 0162/ 7 83 86 03 erfragen • Eintritt 4 €, Kinder 0,50 €

Erich Kästner Museum C1
1899 wurde der Schriftsteller Erich Kästner in Dresden geboren. Das Museum entstand in der Villa Augustin seines Onkels, in der der Schöpfer vom »Doppelten Lottchen«, von »Emil und die Detektive« und auch von Erwachsenenliteratur wie »Drei Männer im Schnee« als Kind häufig zu Besuch war. Das kleine Museum vermittelt Besuchern unterschiedlicher Generationen das facettenreiche Bild der im Jahr 1974 verstorbenen Schriftstellerpersönlichkeit.
Neustadt • Antonstr. 1 • Straßenbahn: Albertplatz • www.erich-kaestner-museum.de • So–Mi, Fr 10–18 Uhr • Eintritt 4 €, Kinder 3 €

Festung Dresden C3
Unter der Brühlschen Terrasse verbergen sich Reste der alten Dresdner Renaissancefestung. Mitte des 18. Jh. hatte der einflussreiche Graf von Brühl den Elbwall erworben und ließ darauf seinen berühmten Garten anlegen. Die Gewölbe der Festungsanlage wurden mit Erde zugeschüttet, dadurch blieben 40 m lange und 8 m breite Kasematten, Räume für die Wachmannschaften und Treppen bestehen. Auch das Ziegeltor blieb erhalten, ein Stadttor aus dem 16. Jh.

MERIAN Tipp

SCHÄTZE IM BUCHMUSEUM B6
Die besterhaltene der vier auf der Welt vorhandenen Maya-Handschriften sowie ein Skizzenbuch von Dürer gehören zu den Kostbarkeiten. ▸ S. 19

Nach 1808 begann man, die Festungsanlagen vollständig zu demontieren, jene an der Elbfront blieben jedoch davon verschont, vor allem aber wohl wegen Brühls Garten. Im Zweiten Weltkrieg dienten Dresdens älteste Gewölbe als Luftschutzraum, und bis in die 1960er-Jahre wurden sie als Kühllager genutzt. Erst 1993 machte man sie für die Öffentlichkeit zugänglich, und die Dresdner lernten hier ein nahezu unbekanntes Stück ihrer Stadtgeschichte kennen.
Innere Altstadt • Georg-Treu-Platz 1 • Straßenbahn: Synagoge, Bus: Pirnaischer Platz • www.festung-dresden.de • tgl. Führungen zur vollen Stunde (10–16 Uhr) • Eintritt 5 €, Kinder 2,50 €

Galerie Neue Meister C3
Eines der bedeutenden Museen der Moderne, das sich die Ausstellungssäle des Albertinums mit der Skulpturensammlung teilt. Zu sehen sind rund 300 Meisterwerke der Kunst von der Romantik bis zur Gegenwart. Georg Baselitz, A. R. Penck und Gerhard Richter, drei international renommierte Künstler mit sächsischen Wurzeln, haben in der Galerie ihre eigenen Räume erhalten.
Altstadt • Albertinum (Eingang Brühlsche Terrasse und Georg-Treu-Platz) • Straßenbahn: Synagoge, Theater-

platz • www.skd.museum • Di–So
10–18 Uhr • Eintritt Albertinum
10 €, Kinder und Jugendliche bis
17 Jahre frei

Gedenkstätte Bautzner Straße
F1

Hier werden Erinnerungen an die Opfer der politischen Gewaltherrschaft in der sowjetischen Besatzungszone und später in der DDR wachgehalten. Das Gebäude wurde ab Mai 1945 von der Sowjetischen Militäradministration und seit den 1950er-Jahren von der Staatssicherheit der DDR genutzt. Es ist die einzige weitgehend original erhaltene Untersuchungshaftanstalt Sachsens. Beim Rundgang oder in Führungen erfahren die Besucher einiges über die menschenverachtenden Verhörmethoden und das Haftregime.
Loschwitz • Bautzner Str. 112 a • Straßenbahn, Bus: Angelikastraße • www.bautzner-strasse-dresden.de • tgl. 10–18 Uhr • Eintritt 4 €, Kinder und Jugendliche bis 18 Jahre frei

8 Gemäldegalerie Alte Meister
B3

Das weltberühmte Kunstmuseum besitzt rund 3000 herausragende Meisterwerke europäischer Malerei des 14. bis 18. Jh., darunter die beste und größte Sammlung von Werken der italienischen Renaissance nördlich der Alpen. Zu den bekanntesten Bildern der Galerie gehören Raffaels »Sixtinische Madonna«, Tizians »Zinsgroschen«, Vermeer van Delfts »Bei der Kupplerin« sowie Rembrandts »Selbstbildnis mit Saskia«. Unter den Bildern deutscher Maler ragen »Sieben Schmerzen Mariä« von Albrecht Dürer und von Lucas Cranach d. Ä. der »Katharinenaltar« heraus. Mit 58 Cranach-Werken besitzt die Galerie die weltweit größte Sammlung aus der Wittenberger Werkstatt. Der Star der Galerie jedoch ist Raffaels »Sixtinische Madonna«, eines der berühmtesten Gemälde der Welt. Wer es nicht kennt, dem sind zumindest die beiden pausbäckigen und geflügelten Knaben mit den dunklen Locken und großen Augen bekannt, die eine millionenfache Verbreitung erfuhren. Die beiden Himmelsknaben bilden das Dekor am unteren Bildrand der Madonna, 1803 wurden sie erstmals aus dem Gemälde ausgekoppelt.
Giorgiones »Schlummernde Venus« war 1699 das erste Meisterwerk, das August der Starke in die Sammlung einbrachte. Von da an reisten seine Kunstagenten ständig umher, um für ihn und später für seinen Sohn Friedrich August II. Bilder zu erwerben. Johann Wolfgang von Goethe schrieb nach seinem Besuch der Galerie: »Ich trat in dieses Heiligtum, und meine Verwunderung überstieg jeden Begriff, den ich mir gemacht hatte.« Als der Dichter die Sammlung aufsuchte, waren die Bilder noch im Johanneum zu sehen, und gegen eine geringe Gebühr durften »Fremde und gebildete Einheimische« sie betrachten. Erst 1855 zog die Gemäldegalerie in den neuen Semperbau am östlichen Zwingerrand. Die Galerie wird gegenwärtig vollständig saniert, bis zur Wiedereröffnung im Jahr 2018 sind rund 400 Werke im Ostteil zu betrachten.
Altstadt • Theaterplatz 1 (im Zwinger) • Straßenbahn: Theaterplatz, Bus oder Straßenbahn: Postplatz • www.skd.museum • Di–So 10–18 Uhr • Zwingerticket 10 €, Kinder und Jugendliche unter 17 Jahren frei

Die Sixtinische Madonna ist der Star in der Gemäldegalerie Alte Meister
(▶ MERIAN TopTen, S. 82), einem Kunstmuseum von Weltruf.

⭐ 9 Grünes Gewölbe 📖 B 3

Dresden nennt eines der größten, reichsten und ältesten Schatzkammermuseen sein Eigen. Die Exponate werden in zwei Ausstellungsbereichen unterschiedlichen Charakters im **Residenzschloss** (▶ S. 69) präsentiert. Die Bezeichnung »Grünes Gewölbe« geht bis auf das Jahr 1572 zurück. Sie beruht auf dem teilweise grün gestrichenen Tresorraum im Residenzschloss, in dem die Werke von 1729 bis zur Auslagerung im Zweiten Weltkrieg zu sehen waren.

Ungefähr 1000 ausgesuchte Meisterwerke des Kunsthandwerks werden im **Neuen Grünen Gewölbe** im Obergeschoss des Westflügels in spiegelfreien Vitrinen präsentiert. Zu den Kostbarkeiten gehören ein vor 1589 datierender Kirschkern, in den laut Inventarverzeichnis »185 Angesichtern« eingeschnitten sein sollen. Durch eine Lupe können die Besucher die Probe aufs Exempel machen. Wer partout keine 185 Gesichter entdeckt, dem sei zur Beruhigung gesagt: Auch Experten konnten

Im Kunstgewerbemuseum (▶ S. 85) im Pillnitzer Berg- und Wasserpalais: ein Spaziergang durch fünf Jahrhunderte des regionalen und internationalen Kunsthandwerks.

in dem Wunderwerk der Schnitzkunst »nur« 113 Gesichter ausmachen. Höhepunkt in diesem Ausstellungsbereich ist der Tischaufsatz »Hofstaat von Delhi am Geburtstag des Großmoguls Aureng-Zeb«.

Rund 3000 Glanzstücke des Kunsthandwerks sind im **Historischen Grünen Gewölbe** in der rekonstruierten Schatzkammer von August dem Starken zu bewundern, die sich im Erdgeschoss des Westflügels befindet. Die Arbeiten stehen wie zu Zeiten des Kurfürsten frei auf Konsolen vor reich verzierten und verspiegelten Schauwänden, darunter als eines der Glanzstücke der »Mohr mit Smaragdstufe«. Diese ungefähr 65 cm hohe Figur aus lackiertem Birnbaumholz hat Hofgoldschmied Johann Melchior Dinglinger einst im Auftrag von August dem Starken geschaffen. Der wollte den aus Kolumbien stammenden Smaragd, den sein Vorgänger Kurfürst August 1581 geschenkt bekam, in einem würdevollen Rahmen präsentieren.

Altstadt • Residenzschloss • Straßenbahn: Theaterplatz, Straßenbahn oder Bus: Postplatz • Einlass in das Historische Grüne Gewölbe nur mit Zeittickets: im Vorverkauf unter Tel. 49 19 22 85 oder unter www.skd.museum; 40 % des Kartenkontingents eines Tages sind am jeweiligen Tag ab 10 Uhr an der Kasse im Residenzschloss erhältlich, 5 Zeittickets pro Person • Eintritt Residenzschloss 12 €, Kinder frei, Eintritt Historisches Grünes Gewölbe 12 € inklusive Audioguide, Kinder frei

Kraszewski-Museum D 1

In der Villa wohnte der polnische Schriftsteller Józef Ignacy Kraszewski von 1873 bis 1879, insgesamt lebte er 24 Jahre in Dresden. Kraszewski kam 1862 mit rund 60 000 anderen

polnischen Emigranten nach Sachsen. Sie suchten Schutz, um einer Verbannung nach Sibirien zu entgehen, die der russische Zar angedroht hatte. Die Ausstellung in dem binationalen Museum hat das Warschauer Adam-Mickiewicz-Museum eingerichtet. In drei Räumen, darunter dem Arbeitszimmer von Kraszewski, wird die Vielseitigkeit des Publizisten wieder lebendig, der 94 historische Romane geschrieben hat, darunter die Sachsentrilogie »Brühl«, »Gräfin Cosel« und »Aus dem Siebenjährigen Krieg«. Die Räume sind in den polnischen Nationalfarben Rot und Weiß gehalten, und wie es sich für ein binationales Museum gehört: Die Ausstellung ist in Polnisch und Deutsch beschriftet.
Neustadt • Nordstr. 28 • Straßenbahn: Alaunplatz • www.museen-dresden.de • Mi–So 13–18 Uhr • Eintritt 4 €, Kinder 3 €, Fr ab 12 Uhr frei (außer feiertags)

Kügelgenhaus – Museum der Dresdner Romantik   C 2

Das Haus erinnert an große Geister der Stadt, etwa an die Maler Caspar David Friedrich, Philipp Otto Runge, Anton Graff, den Dichter Heinrich von Kleist und die Familie Körner, die Musiker Robert Schumann und Carl Maria von Weber. In den heutigen Räumen des Museums wohnte zur Dresdner Frühromantik der Maler Gerhard von Kügelgen mit seiner Familie. Nach einem Gemälde von Georg Friedrich Kersting wurde das Atelier Kügelgens nachgestaltet.
Neustadt • Hauptstr. 13 • Straßenbahn: Neustädter Markt oder Albertplatz • www.museen-dresden.de • Mi–So 10–18 Uhr • Eintritt 4 €, Kinder 3 €

Kunstgewerbemuseum Dresden   ▶ S. 107, c 3

Das Museum im Berg- und Wasserpalais von Schloss Pillnitz zeigt die besten Kunstwerke seiner umfangreichen Sammlungen, die durch fünf Jahrhunderte Geschichte des regionalen und internationalen Kunsthandwerks führen. Im Wasserpalais werden vor allem Möbel, Glas, Majolika (zinnglasierte Keramik), Leder, Gobelins, Eisengitter und Schlösser des 17. und 18. Jh. gezeigt. Im Bergpalais sind großartige Arbeiten aus der Steinzeug-, Fayence- und Zinnsammlung sowie Kunsthandwerk ausgestellt. Im »Schaudepot Deutsche Werkstätten Hellerau« werden die wichtigen Entwicklungslinien der Produktionsgeschichte anhand ausgewählter Möbel aus den Jahren 1898 bis 1970 sichtbar gemacht.
Pillnitz • Schloss Pillnitz • Straßenbahn: Kleinzschachwitz, weiter mit Fähre oder Bus: Pillnitzer Park • www.skd.museum • Bergpalais Mai–Okt. Di–So 10–18 Uhr, Wasserpalais Mai–Okt. Mi–Mo 10–18 Uhr • Eintritt 4 €, Kinder frei

Kunsthaus   C 2

Die Städtische Galerie beherbergt aktuelle Gegenwartskunst internationaler Strömungen. »Ein wesentliches Anliegen des Hauses ist es«, so das Museumsprogramm, »künstlerische Ausdrucksformen und Inhalte einem breiten Publikum nahezubringen, das auf diesem Wege mehr über die Kunst erfährt.« Jährlich werden auf mehr als 600 qm Fläche sechs bis sieben Ausstellungen organisiert.
Innere Neustadt • Rähnitzgasse 8 • Straßenbahn: Palaisplatz oder Albertplatz • www.kunsthausdresden.de • Di–Do 14–19, Fr, Sa 11–19 Uhr • Eintritt 4 €, Kinder 2,50 €

MUSEEN UND GALERIEN

Leonhardi-Museum J 3
Die städtische Galerie zeigt in wechselnden Ausstellungen in der ehemaligen Hentschelmühle zeitgenössische sächsische Kunst und in einer Dauerpräsentation Bilder von Eduard Leonhardi, nach dem das Haus benannt wurde. Der Fabrikbesitzer und Maler Leonhardi ließ sich 1880 eine alte Wassermühle im »altdeutschen Stil« zum Ausstellungs- und Atelierhaus umbauen. Die Sprüche und Lebensweisheiten an dem Fachwerkhaus erzählen vom Zeitgeist des ausklingenden 19. Jh. Zu DDR-Zeiten erwarb sich das Ateliergebäude ein legendäres Renommee, weil hier Dresdner Künstler in Eigenregie Ausstellungen gestalteten. Loschwitz • Grundstr. 26 • Bus: Körnerplatz, Standseil- und Schwebebahn • www.leonhardi-museum.de • Di–Fr 14–18, Sa, So 10–18 Uhr • Eintritt 3 €, Kinder 2 €

Mathematisch-Physikalischer Salon B 3
Die Sammlungen umfassen kunstvolle Instrumente und Geräte der angewandten Mathematik und Physik sowie verwandter Disziplinen vom 13. bis 19. Jh. Wegen ihrer Geschlossenheit haben sie internationale Bedeutung erlangt. Als eine der umfangreichsten gilt die Uhrensammlung, die einen Überblick über 500 Jahre Zeitmessung gibt.
Nicht minder berühmt ist die Globenkollektion mit einem Himmelsglobus von 1279 aus der persischen Sternwarte Meragha als dem ältesten Exponat des Hauses. Weitere bedeutende Abteilungen umfassen geodätische, optische und astronomische Instrumente, Waagen und Längenmaße, Thermometer und Barometer, Kompassgeräte sowie Rechen- und Zeichenhilfsmittel vergangener Zeiten. Das Museum befindet sich seit seiner Gründung 1728 im Zwinger. Innere Altstadt • Theaterplatz (im Zwinger) • Straßenbahn: Theaterplatz, Bus oder Straßenbahn: Postplatz • www.skd.museum • Di–So 10–18 Uhr • Zwingerticket 10 €, Kinder und Jugendliche unter 17 Jahren frei

Militärhistorisches Museum der Bundeswehr nördl. D 1
Der Besuch des Museums braucht Zeit: Auf ca. 13 000 qm veranschaulichen Uniformen, Waffen und Kunstwerke sowie Großobjekte wie Kanonen, Helikopter und Autos 800 Jahre Militärgeschichte. Rund 10 500 Exponate sind zu sehen, darunter das von Wilhelm Bauer konzipierte erste deutsche U-Boot »Brandtaucher« (1850/1851), das als ältestes erhaltenes Tauchboot der Welt gilt, die US-amerikanische Kurzstreckenrakete »Honest John« und die Sojus-Kapsel von Sigmund Jähn, der 1978 als erster Deutscher den Weltraum besuchte. Spektakulär ist der Museumsneubau nach einem Entwurf des amerikanischen Stararchitekten Daniel Libeskind: In das alte Arsenalgebäude aus

---

📷 FotoTipp

ZWINGER

Das Kronentor mit dem Zwingergraben davor leuchtet erst am späten Nachmittag in der Sonne. Die Innenfassade zeigt ihr Fotografiergesicht bis in die Mittagsstunden. Der beste Standort dafür: die Balustrade östlich neben dem Glockenspielturm. ▶ S. 76

Der Mathematisch-Physikalische Salon (▶ S. 86) im Zwinger: eines der weltweit wichtigsten Museen für historische wissenschaftliche Instrumente.

dem Jahr 1876 wurde ein Keil aus Stahl, Glas und Beton getrieben, der wie eine gigantische Rakete wirkt. Neustadt • Olbrichtplatz 2 • Straßenbahn oder Bus: Stauffenbergallee • www.mhmbw.de • Do–Di 10–18, Mo 10–21 Uhr • Eintritt 5 €, Kinder frei

Museum für Sächsische Volkskunst mit Puppentheatersammlung 👪 C 2

27 000 Zeugnisse der Volkskunst aus allen sächsischen Landschaften werden hier aufbewahrt, eine Auswahl davon wird den Besuchern gezeigt. Es sind bemalte ländliche Möbel, Erzeugnisse alten Handwerks wie der Töpfer, Korbmacher, Zinngießer, Blaudrucker sowie Klöppelarbeiten. Im Obergeschoss ist eine der größten und bedeutendsten Puppentheatersammlungen weltweit zu sehen. Neustadt • Köpckestr. 1 (im Jägerhof) • Straßenbahn: Carolaplatz oder Neustädter Markt • www.skd.museum • Di–So 10–18 Uhr • Eintritt 5 €, Kinder und Jugendliche unter 17 Jahren frei

Museum für Völkerkunde B 2

Im ersten Teil der neuen Dauerausstellung steht das Dresdner Damaskuszimmer im Mittelpunkt, die hölzerne Wand- und Deckentäfelung eines Empfangsraumes aus einem vornehmen Damaszener Wohnhaus. Seine Entstehungszeit wird auf das Jahr 1810 datiert, nach Deutschland war es 1899 gekommen und 1930 dem Museum geschenkt worden.
In der Ausstellung im historischen **Japanischen Palais** (▸ S. 63) sind ferner farbenprächtige Wohntextilien aus dem Kulturraum Westasien zu sehen, darunter »Susani« genannte großflächige Seiden-Stickereien aus Mittelasien.
Innere Neustadt • Palaisplatz 11 • Straßenbahn: Palaisplatz • www.voelkerkunde-dresden.de • Di–So 10–18 Uhr • Eintritt 2,50 €, Kinder und Jugendliche unter 17 Jahren frei

Museum Körnigreich B 2

1961 überraschte den Dresdner Maler Hans Körnig (1905–1989) der Mauerbau auf einer von West-Berlin aus unternommenen illegalen Reise nach Belgien und Holland. Die Familie blieb im Westen, Körnigs Arbeiten verschwanden in den DDR-Depots. Heute hat er in dem Haus, in dem er 26 Jahre lang lebte und arbeitete, mit dem »Körnigreich« ein eigenes Museum. Der Künstler erlebte die späte Ehrung nicht mehr. Er hatte sich im Oktober 1989 das Leben genommen, seine Urne wurde auf dem Inneren Neustädter Friedhof beigesetzt. Körnigs Œuvre umfasst über 300 Ölbilder und rund 1300 grafische Werke.
Innere Neustadt • Wallgässchen 2 • Straßenbahn: Palaisplatz • www.koernigreich.org • Do–Mo 11–18 Uhr • Eintritt 3 €, Kinder und Jugendliche bis 16 Jahre frei

Supermodernes Militärhistorisches Museum (▸ S. 86): Ein Neubau aus Glas, Stahl und Beton von Starchitekt Daniel Libeskind durchschneidet das historische Arsenal.

Museum für Völkerkunde – Schillerhäuschen

Porzellansammlung B 3
Zehntausende von Porzellanen ließ August der Starke zur Ausstattung eines Porzellanschlosses zusammentragen. Auf diese Sammlung geht das Museum zurück, das zu den größten seiner Art gehört. Die schönsten der 20 000 erhaltenen Stücke werden in der Ostasien-Galerie des Zwingers auf vergoldeten Konsolen und prachtvollen Tischen vorgestellt. Zu sehen sind Arbeiten aus China, Japan und Meißen sowie die umfangreichste Sammlung von Böttgersteinzeug und Böttgerporzellan.

Als »Dragonervasen« sind die 1 m hohen Deckelvasen mit blauer Unterglasurmalerei in die Kunstgeschichte eingegangen. 1717 hat sie August der Starke von Preußenkönig Friedrich Wilhelm I. erworben, bezahlt hat er die 151 Vasen mit Menschen – mit 600 sächsischen Dragonern.

Altstadt • Theaterplatz 1 (im Zwinger) • Straßenbahn: Theaterplatz, Bus oder Straßenbahn: Postplatz • www.skd.museum • Di–So 10–18 Uhr • Zwingerticket 10 €, Kinder und Jugendliche unter 17 Jahren frei

Rüstkammer Dresden B 3
Etwa 10 000 Objekte vorwiegend aus dem 16. bis 18. Jh. umfasst die Rüstkammer, darunter das erste sächsische Kurschwert von 1425, mit dem Friedrich der Streitbare (1370–1428) von Kaiser Sigismund mit der sächsischen Kurwürde belehnt wurde, sowie der Felddegen von Zar Peter dem Großen. Die Rüstkammer gilt als eine der umfangreichsten Prunkwaffen-, Harnisch- und Kostümsammlungen der Welt. Einen Teil der Kollektion kann man in zwei Ausstellungsbereichen im Residenzschloss (▶ S. 69) sehen.

Im **Riesensaal** werden das Turnierwesen und Prunkwaffen präsentiert. Im Blickpunkt steht der Mitte des 16. Jh. von dem Antwerpener Goldschmied Eliseus Libaerts geschaffene Prunkharnisch für Ross und Mann. Den 1549 bis 1553 erbauten Riesensaal hat das Schloss im Jahr 2013 zurückbekommen. Mit einer Länge von rund 60 m und einer Breite von 11 m war und ist er wieder der größte Raum der Residenz. Der Name Riesensaal geht nicht auf die Größe des Raumes zurück, sondern auf riesenhafte Figuren, die einst zwischen den Fenstern aufgemalt waren. Unter August dem Starken fanden in dem Saal höfische Festlichkeiten und Maskenbälle statt, sein Sohn August III. ließ eine Zwischendecke einziehen und ihn in kleinere Räume aufteilen.

Die **Türckische Cammer** ist eine der weltweit prächtigsten und bedeutendsten Sammlungen osmanischer Waffen, Kostüme, Zelte und Kunstwerke, darunter auch acht aus Holz geschnitzte prunkvoll geschmückte Pferde in Originalgröße. Der Großteil der Stücke waren diplomatische Geschenke oder gezielte Ankäufe der Kurfürsten von Sachsen. Den Mittelpunkt bildet das 20 m lange, 6 m hohe und 8 m breite prachtvolle osmanische Staatszelt aus dem 17. Jh.

Altstadt • Residenzschloss • Straßenbahn: Theaterplatz, Straßenbahn oder Bus: Postplatz • Mi–Mo 10–18 Uhr • www.skd.museum • Schlossticket 12 €, Kinder und Jugendliche unter 17 Jahren frei

Schillerhäuschen H 2
Das kleine ockergelbe, würfelförmige Gartenhaus, das kleinste Museum der Elbestadt, erinnert an die

Aufenthalte von Friedrich Schiller in Dresden, die in den Jahren 1785 bis 1787 sowie im Jahr 1801 stattfanden. Hier arbeitete der berühmte Dichter an seinem Drama »Don Carlos« und schrieb die Ode »An die Freude«.
Loschwitz • Schillerstr. 19 • Straßenbahn: Grundstraße, Bus: Körnerplatz • www.museen-dresden.de • Ostern–Sept. Sa, So 10–17 Uhr • Eintritt frei

Schlossmuseum Pillnitz
▶ S. 107, c 3

Das Museum im Neuen Palais und seinen Nebengebäuden umfasst den Kuppelsaal, die Königliche Hofküche und die Katholische Kapelle, ferner informiert das Haus über die Geschichte von Schloss und Park Pillnitz und das höfische Leben. Der repräsentative Kuppelsaal diente als Fest- und Speisesaal, die Hofküche versorgte die königliche Familie sowie den Hofstaat – täglich waren mindestens 70 Bedienstete am Werk. Die einschiffige Hofkapelle verfügt über eine Ausstattung, die den Ansprüchen des Hofes gerecht wurde.
Pillnitz • August-Böckstiegel-Str. 2 • Bus: Pillnitzer Platz, Straßenbahn bis Endstation Kleinzschachwitz, dann mit der Fähre übersetzen • www.schlosspillnitz.de • April–Okt. Di–So 10–17, Nov.–März Sa, So 11, 12, 14, 15 Uhr Rundgänge mit Führung • Eintritt 6 €, Kinder 2 €

Skulpturensammlung
C 3

Mehr als 15 000 Originalwerke aus fünf Jahrtausenden umfassen die Bestände. Die Schätze des Museums sind mit denen der ebenfalls hier beheimateten Galerie Neue Meister in einem Rundgang zu erleben, oftmals gibt es ein Zusammenspiel von Skulpturen und Malerei. Einen Blickpunkt bildet das riesige gläserne Schaudepot in der Eingangshalle, in der 150 Skulpturen von der Antike bis zum Zeitalter des Barock stehen.
Altstadt • Albertinum (Eingang Brühlsche Terrasse und Georg-Treu-Platz) • Straßenbahn: Synagoge, Theaterplatz • www.skd.museum • Di–So 10–18 Uhr • Eintritt Albertinum 10 €, Kinder und Jugendliche unter 17 Jahren frei

Stadtmuseum Dresden
C 3

Das Museum besitzt die umfangreichsten Sammlungen zur städtischen Kunst- und Kulturgeschichte. Die Ausstellung lässt die wechselvolle Entwicklung Dresdens von seiner Gründung im Jahr 1206 bis in die Gegenwart lebendig werden.
Die Städtische Galerie im ersten Obergeschoss gibt Einblick in ihren bedeutendsten Bestand an Malerei, Grafik und Skulptur vom 16. Jh. bis zur heutigen Zeit.
Altstadt • Wilsdruffer Str. 2 • Straßenbahn oder Bus: Pirnaischer Platz • www.museen-dresden.de • Di–Do, Sa, So 10–18 Uhr, Fr 10–19 Uhr • Eintritt 5 €, Kinder 3 €, Fr ab 12 Uhr frei (außer feiertags)

Technische Sammlungen der Stadt Dresden
G 4

Mehr als 30 000 Objekte aus den Bereichen Industrie-, Technik- und Alltagsgeschichte der vergangenen 150 Jahre werden in diesem Museum aufbewahrt und gezeigt. Dazu zählen Schreib- und Nähmaschinen ebenso wie Fotoapparate, Kameras und Projektoren. Darunter finden sich auch zahlreiche Produkte der DDR-Industrie. Das Museum wurde im Ernemanngebäude eingerichtet, das 1923/1924 für die Zeiss-Ikon-Werke entstand und zu DDR-Zeiten

Von Pferd und Kutsche zum Auto: Das Verkehrsmuseum (▶ S. 91) zeigt die Entwicklung der Transportmittel und veranschaulicht den Erfindungsreichtum des Menschen.

Sitz der Pentacon-Kamerawerke war. Der 48 m hohe Ernemannturm bietet einen tollen Rundblick.
Striesen • Junghansstr. 1–3 • Straßenbahn oder Bus: Pohlandplatz • www.tsd.de • Di–Fr 9–17, Sa, So 10–18 Uhr • Eintritt 5 €, Kinder 3 €, Fr ab 12 Uhr frei

Verkehrsmuseum Dresden ⚥

B 3

Fahrzeuge der Schiene, Straße, Wasser und Luft sind zu sehen. Sie zeigen den Einfallsreichtum des Menschen, sich vielfältig fortzubewegen. Zu den Exponaten gehören die älteste komplett erhaltene deutsche Lokomotive Muldenthal von 1861, die 91 Jahre lang im Werksverkehr des Zwickauer Steinkohlereviers fuhr. Die gezeigten Autos stammen vorwiegend aus Sachsen und Thüringen, die beiden Länder haben im Automobilbau eine lange Tradition. Untergebracht ist das Museum im Johanneum, einem Renaissancebau, der einst kurfürstliche Kutschen und Pferde beherbergte.
Altstadt • Augustusstr. 1 (im Johanneum) • Straßenbahn: Altmarkt • www.verkehrsmuseum-dresden.de • Di–So 10–18 Uhr • Fintritt 7 €, Kinder 3 €

Im Norden von Dresden bildet das reich ausgestattete Schloss Moritzburg (▶ MERIAN TopTen, S. 102) den Mittelpunkt einer von Menschenhand geschaffenen Teichlandschaft.

Spaziergänge und Ausflüge

Erleben Sie Dresden zu Fuß durch besonders schöne Viertel, vorbei an herrschaftlichen Villen, Schlössern und einer Fülle von Kunstwerken.

Brühlsche Terrasse – Der Balkon Europas

Charakteristik: Der Stadtbummel führt zu vielen Architektur-Höhepunkten
Dauer: etwa 1 Std. Dabei ist auch schon Zeit einkalkuliert, dem Treiben auf der Elbe mit der Anlegestelle der Schaufelraddampfer zuzuschauen **Länge:** ca. 1 km **Anfahrt:** Straßenbahn: Schlossplatz **Einkehrtipp:** Café Vis-à-Vis (▶ S. 33), Brühlsche Terrasse 3, Tel. 8 64 28 37, www.hilton.de/dresden
Karte ▶ S. 95

Entlang der Brühlschen Terrasse ziehen sich bedeutende Bauwerke und Denkmäler. Die Dresdner sprechen von ihrem »Balkon«, und kaum ein Gast der Stadt versäumt, ihn zu betreten. Der Blick auf die Elbe und hinüber zur Neustadt gehört mit zum Schönsten, was Dresden zu bieten hat, auch wenn sich einige unansehnliche DDR-Einheitshäuser in das Bild drängen. Ein Spaziergang auf der Brühlschen Terrasse ist ein Spaziergang entlang der Elbe, allerdings auf einer etwas erhöhten Position. Bereits im 19. Jh. bildete sich der Beiname »Balkon Europas« heraus.

Schlossplatz ▶ Brühlsche Terrasse

Eine breite **Freitreppe** (1), die von der bronzenen Skulpturengruppe »Die vier Tageszeiten« geschmückt wird, führt vom Schlossplatz zur Brühlschen Terrasse. Ihr heutiges Aussehen mit imponierenden Bauwerken und zahlreichen Denkmälern erhielt sie Ende des 19. Jh.

Dort, wo das **Neue Ständehaus** seinen Platz bekam, erhob sich einst das Palais des Grafen von Brühl. Aus dieser Zeit stammt noch das Brunnenbecken (2) davor, das jahrzehntelang eine Erdschicht verdeckte. Erst 1989 wurde es freigelegt.

Vor der Sekundogenitur steht das **Ernst-Rietschel-Denkmal** (3), mit dem der berühmte sächsische Bildhauer (1804–1861) geehrt wird. Johannes Schilling ließ es 1876 dort aufstellen, wo einst der Brühlsche Gartenpavillon stand, der seinem Lehrmeister Rietschel einige Jahre lang als Atelier diente. Von dem Professor an der Dresdner Akademie der Künste stammen u. a. in der Elbestadt das Weberdenkmal und an der Semperoper die Skulpturen Goethes und Schillers sowie das Goethe-Schiller-Denkmal in Weimar und das Luther-Denkmal in Worms.

In Höhe des Abgangs zur Münzgasse erreicht man das moderne **Planetendenkmal** (1990) (4), auch Sieben-Bastionen-Plastik genannt. Die Götter, die den Planeten die Namen geben, sind auf Fußbodenplatten charakterisiert. Es erinnert an den Erlass von August dem Starken im Jahr 1731, die sieben Bastionen Dresdens nach der Sonne und sechs ihrer Planeten zu benennen. Vorbei an der Kunstakademie und dem Kunstverein gelangt man zum 1882 enthüllten **Denkmal für Gottfried Semper** (5). Semper (1803–1879) hat mit der Sächsischen Staatsoper und der Gemäldegalerie Alte Meister bleibende Werke in Dresden hinterlassen. Das Denkmal hat ebenfalls Johannes Schilling (1828–1910) geschaffen, der selbst eines verdient hätte. Zu seinen für Dresden geschaffenen Kunstwerken gehören »Die vier Tageszeiten« an der Freitreppe, die bronzene Pantherquadriga mit Ariadne und Dionysos über der Exedra der Semperoper, das Reiterdenkmal König Johanns auf dem Theaterplatz und der Giebelschmuck am Kunstverein.

Gegenüber dem Albertinum steht seit dem Jahr 2013 wieder das **Denkmal für Adrian Ludwig Richter** (6), einem der bedeutendsten Maler und Zeichner des 19. Jh. und Professor der Kunstakademie. Die Nazis hatten das Denkmal 1943 entfernt und für Kriegszwecke eingeschmolzen.

Vom Geländer der Brühlschen Terrasse genießt man den herrlichen Blick auf das Elbtal. Gut zu erkennen sind neben der **Augustusbrücke** noch die **Marienbrücke**, die **Carolabrücke** und die **Albertbrücke**. Am anderen Elbufer sind zwei um 1900 errichtete monumentale Bauwerke zu sehen: das **Gesamtministerialgebäude** mit breitem Turmaufbau und der vergoldeten Königskrone obendrauf – heute Sitz des Ministerpräsidenten und der Staatskanzlei – und das **Finanzministerium**.

Die Brühlsche Terrasse ist benannt nach Premierminister Graf Heinrich von Brühl (1700–1763), der einen Teil der Dresdner Festungsanlage von seinem Kurfürsten Friedrich August II. (1696–1763) geschenkt bekommen hatte. Brühl war nicht nur einer der einflussreichsten Männer Sachsens, er war auch reich. Von seinem hinterlassenen Vermögen hätten die Dresdner fünf Frauenkirchen errichten können. Die von Brühl geschaffene Anlage steht den Dresdnern und ihren Gästen erst seit 1814 offen. Bis dahin durften nur Angehörige des Adels auf der Terrasse oberhalb des Elbufers spazieren gehen.

Delphinbrunnen ▶
Böttger-Gedenkstele

Auf der ehemaligen Venusbastion, linker Hand des heutigen Albertinums ließ Graf Brühl seinen Garten anlegen, aus dieser Zeit blieb der 1749 fertiggestellte **Delphinbrunnen** (7) von Pierre Coudray erhalten. Ein ähnliches Alter weisen die beiden **Sphinxgruppen** (8) von Gottfried Knöbbler auf, die einstmals am Eingang des ersten Belvedere standen. Die moderne, 1990 enthüllte **Metallplastik** (9) von Wolf-Eike Kuntsche erinnert an den berühmten Maler der Romantik Caspar David Friedrich (1774–1840), der 42 Jahre lang in Dresden lebte.

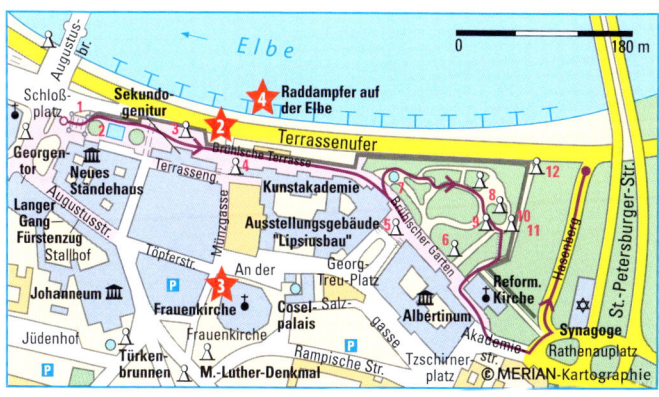

Die 1982 enthüllte **Böttger-Gedenkstele** (10), die Peter Makolies aus Sandstein mit dem Medaillon des Meisters aus Meissener Porzellan schuf, steht dort, wo der Alchimist mit Ehrenfried Walther von Tschirnhaus (1651–1708) die Formel für das europäische Porzellan entwickelte. 1707 bekam Böttger (1682–1719) in den Gewölben unter dem ersten Belvedere seine Schmelzküche eingerichtet, um für August den Starken Gold zu machen. Das schlichte Gebäude rechter Hand, heute von der Reformierten Kirche genutzt, war zu Zeiten des Grafen Brühl die **Hofgärtnerei**. Gern führen die Dresdner ihre Gäste zum gusseisernen Geländer, das den Brühlschen Garten umgibt. An einer Stelle nahe der Böttger-Gedenkstele, erkenntlich an einer markanten Vertiefung im Metall (11), soll August der Starke seinen Daumenabdruck hinterlassen haben. Zwischen »einem Bilderkauf, zwei Staatsakten und drei Liebesspielen«, so heißt es. Dem Kurfürst werden Kräfte eines Bären nachgesagt. Was die Dresdner oft vergessen zu erwähnen: An dieser Stelle bekam die Brühlsche Terrasse nicht vor 1747 ein Geländer – da war August der Starke schon über zehn Jahre tot.

Hofgärtnerei ▸ Moritzmonument

An der Nordostecke der Terrassenmauer wurde das **Moritzmonument** (12) angebracht, Dresdens ältestes Denkmal, das nach der Ende 1998 abgeschlossenen Restaurierung wieder zu sehen ist. Mit dem Denkmal wird an den tragischen Tod von Kurfürst Moritz (1521–1553) erinnert, den im Krieg eine Kugel der eigenen Soldaten getroffen hatte. Sein Bruder August (1526–1586) ließ es errichten, denn Moritz hatte für Sachsen im Schmalkaldischen Krieg die Kurwürde errungen.

Wenn man von der Brühlschen Terrasse (▸ MERIAN TopTen, S. 56) die Stufen zum Schlossplatz hinabsteigt, rückt die Kathedrale St. Trinitatis (▸ S. 64) ins Blickfeld.

Weißer Hirsch – Ein Viertel voller Villen

Charakteristik: Der Spaziergang führt durch das historisch interessante Villenviertel oberhalb der Elbe **Dauer:** 2–3 Std. **Länge:** ca. 2 km **Anfahrt:** Bus: Körnerplatz. Hier befindet sich die Abfahrtsstelle der Standseilbahn. Das Auto sollte wegen mangelnder Parkplätze nicht benutzt werden **Einkehrtipp:** Restaurant Luisenhof (▶ S. 30) direkt an der Bergstation der Standseilbahn, Bergbahnstr. 8, Tel. 2 14 99 60, www.luisenhof.org €€

Karte ▶ S. 97

Historisch bedeutsam ist der **Weiße Hirsch**, ein Villenviertel oberhalb der Elbe. Uwe Tellkamp hat es mit seinem Erfolgsroman »Der Turm« weithin bekannt gemacht, auch die ARD trug mit ihrer zweiteiligen Verfilmung einen Großteil dazu bei.

Um eine Ausflugsgaststätte namens »Weißer Hirsch« am Rand der Dresdner Heide entwickelte sich ab 1888 ein Kurbad mit dem Lahmannschen Sanatorium. Maler, Schauspieler und andere Berühmtheiten kamen, um sich naturheilkundlich behandeln zu lassen. 1921 wurde der Ort Weißer Hirsch Dresden eingemeindet, und zehn Jahre später wurde ihm der Zusatz Bad verliehen.

Bergstation ▶ Friedensblick

Der Spaziergang beginnt für diejenigen, die vom Körnerplatz mit der Standseilbahn anreisen, an der Bergstation beim Restaurant »Luisenhof«, das wie die Bahn im Jahr 1885 entstand und den Namen von Kronprinzessin Luise bekam – den es übrigens auch zu DDR-Zeiten behielt.

Luise wäre Sachsens letzte Königin geworden – wenn die lebenslustige Frau, Mutter von sechs Kindern, nicht mit den strengen Regeln am sächsischen Königshof gehadert hätte. Nachdem ihre Liaison mit dem belgischen Hauslehrer André Giron bekannt wurde, verließ sie mit ihm

Dresden und hinterließ die Kinder ihrem Gemahl. Deutschlands Adel war entsetzt, die Sachsen waren es nicht minder. Der Kronprinz – nun ein alleinerziehender Vater – bestieg 1904 als König Friedrich August III. den sächsischen Thron, von dem er 1918 verstoßen wurde. Seine Exfrau verstarb 1947 verarmt als Blumenverkäuferin in Brüssel. Der Luisenhof dagegen, in Tellkamps Roman heißt er »Sybillenhof«, gehört allein schon wegen des fantastischen Blicks auf die Stadt bis heute zu Dresdens beliebtesten Restaurants.

Am Ende der Bergbahnstraße zieht die legendenumrankte **Villa San Remo** mit ihrem hohen Turm die

Blicke auf sich, Tellkamp nennt sie in seinem Roman »Rapallo«. Das Haus gehörte bis zur Enteignung am Ende des Zweiten Weltkrieges dem deutsch-amerikanischen Kameraproduzenten Charles Alfred Noble. Der hisste 1945, als die Sowjetarmee Dresden besetzte, die amerikanische Fahne. Die SED-Propaganda dagegen behauptete viele Jahrzehnte, Noble habe mit Lichtsignalen von dem hohen, kupfergedeckten Turm die anglo-amerikanischen Bomberverbände am 13. Februar 1945 über Dresden gelenkt. Mit solchen unbewiesenen Behauptungen schürte man in der Zeit des Kalten Krieges den Hass gegen die Amerikaner.

Der Weg führt von der Bergbahnstraße weiter zur Plattleite und zur **Zeppelinstraße**, in der die 1997 im Alter von 90 Jahren verstorbene **Baron Manfred von Ardenne** – in Tellkamps Roman »Baron Arbogast« – sein Domizil hatte, der wohl letzte Universalgelehrte des 20. Jh. Mit 15 Jahren hatte er sein erstes Patent angemeldet, im Lauf der Jahrzehnte wurden es weit über 600. Von Ardenne war maßgeblich an der ersten elektronischen Fernsehübertragung beteiligt, mit seinem Breitbandverstärker schaffte er die Voraussetzung für die heutige Telekommunikation. Der Baron gehörte zu den schillerndsten Persönlichkeiten der Wissenschaft des 20. Jh. Nach Kriegsende heuerten ihn die Sowjets an, er beteiligte sich am Bau der Atombombe, was ihm den Stalin-Preis und die Bezeichnung »roter Baron« einbrachte. Von dem Preisgeld baute sich der Physiker auf dem Weißen Hirsch sein Wissenschaftsimperium auf, das zu DDR-Zeiten rund 500 Mitarbeiter zählte. Aus seiner Zuneigung zum Staat DDR hat der Baron nie einen Hehl gemacht. Er genoss das Wohlwollen des allmächtigen Ulbricht, obwohl er dessen SED nicht angehörte. Später fand Ardenne mit der Krebs-Mehrschritt-Therapie Aufmerksamkeit. Rund um die prachtvolle Villa Zeppelinstraße 7, in die er 1960 zog, findet sich der Name Ardenne mit verschiedenen Vornamen und unterschiedlichen Berufsbezeichnungen an mehreren Häusern. Über die Wolfshügelstraße biegt man links in die **Collenbuschstraße** ein. Nach einem kurzen Fußmarsch gelangt man zu einer Anlage, die den Namen **Friedensblick** trägt und von der sich ein herrlicher Ausblick auf Dresden eröffnet.

Friedensblick ▶ Künstlervillen

Der hoch aufragende **Obelisk**, der einst in Wachwitz stand, sollte bei den Passagieren der Elbschiffe die Erinnerung an den 1854 tödlich verunglückten sächsischen König Friedrich August II. wachhalten. Später, bis 1945, war die Anlage nach dem Reichswehrminister von Blomberg benannt, der Kurgast auf dem Weißen Hirsch war und sie als Notstandsarbeit anlegen ließ.

In der entgegengesetzten Richtung der Collenbuschstraße mit zahlreichen Villen im Stil der Neuen Sachlichkeit wohnte im Haus Nr. 4 von 1952–1954 der dänische Dichter **Martin Andersen Nexø**, Autor solch bekannter Bücher wie »Pelle der Eroberer« und »Ditte Menschenkind«. Im großen Eckhaus Collenbuschstraße 14 begann nach dem Zweiten Weltkrieg Dresdens Kunstleben. Ein Künstlerkomitee, dem auch der Schauspieler Erich Ponto angehörte, diskutierte hier mit Vertretern der sowjetischen Stadtkommandantur.

Lahmann-Sanatorium ▶ Bergstation

An der Bautzner Landstraße/Ecke Stechgrundstraße befand sich das **Sanatorium von Dr. Lahmann**, zu dem noch zehn Villen gehörten. Hinter dem Sanatorium entstand in den Zwanzigerjahren ein noch vorhandener **Waldpark mit Konzertplatz**, auf dem Schauspieler wie Paul Hörbiger, Theo Lingen und Heinz Rühmann zu sehen waren. Während der NS-Zeit war festgelegt: »Wenn auf dem Konzertplatz Veranstaltungen sind, dürfen Juden sich nicht in der Nähe aufhalten.« Nach dem Zweiten Weltkrieg eigneten sich die Sowjets das Sanatorium an und machten es zum Lazarett. Zurück blieb eine Ruine. Gegenwärtig entsteht auf dem Gelände ein Wohnpark.

Das an der Ecke zur Stechgrundstraße gelegene **Parkhotel**, dient heute als Veranstaltungshaus. Das 1914 im Jugendstil errichtete Haus war einmal eines der vornehmsten Hotels der Region. Im Haus Rißweg 68, »Felsenburg« genannt, wohnte 1910 **Oskar Kokoschka** und schrieb hier sein expressionistisches Drama »Mörder, Hoffnung der Frauen«. Fast vergessen ist, dass auf dem Grundstück »An der Berglehne 4« die Kommunistische Partei Deutschlands von 1928–1931 ihre **Reichsparteischule** hatte. Auch Josip Broz Tito, der Gründer Jugoslawiens und langjährige Staats- und Parteichef, weilte hier. Zu den Hörern der Schule gehörte ein Arnold Friedrich Vieth von Golßenau, der später in der DDR unter dem Namen **Ludwig Renn** zu einem viel gelesenen Schriftsteller wurde. Nach dem Zweiten Weltkrieg kehrte er auf den Weißen Hirsch zurück und bewohnte einige Jahre das Haus Plattleite 38.

Von viel Grün umgeben, liegt die Villa Manfred von Ardenne (▶ S. 98) im architektonisch sehr interessanten Villenviertel Weißer Hirsch. Sie befindet sich in Privatbesitz.

Der Große Garten – Grüne Oase in der Stadt

Charakteristik: Der schöne Spaziergang im Grünen führt über gut ausgebaute, ebene Wege **Dauer:** 3 Std. **Länge:** ca. 2 km **Anfahrt:** Straßenbahn: Lennéstraße

Einkehrtipp: Restaurant Carolaschlösschen (▶ S. 31), Im Großen Garten, Tel. 2 50 60 00, www.carolaschloesschen.de €

Karte ▶ S. 100

Ab 1676 ließ Johann Georg II. vor den Toren der Stadt den Großen Garten anlegen, als Vorbild dienten die Anlagen von Versailles. Viele Jahrzehnte lang war der Park mit einer über 2 m hohen Mauer umgeben, erst ab 1814 wurde sie niedergelegt und der Park zur allgemeinen Benutzung freigegeben. Zwei Teile des Großen Gartens wurden im 19. Jh. abgetrennt, für den Zoologischen Garten und den Botanischen Garten. Auf 2 qkm Fläche laden mehr als 30 km Wege zum Spazieren ein, die Parkeisenbahn schlängelt sich auf einer 5,6 km langen Strecke durch das Gelände. Der Große Garten ist von allen Seiten zugänglich, dieser Spaziergang beginnt an der Lennéstraße gegenüber dem Deutschen Hygiene-Museum. Diesen Zugang an der Hauptallee, der Längsachse des Parks, zieren **allegorische Vasen** aus dem 18. Jh. Etwas weiter rechts steht der **Mosaikbrunnen**, den Stadtbaurat Hans Poelzig anlässlich der Internationalen Gartenbauausstellung des Jahres 1926 entworfen hat.

Inmitten des Großen Gartens (▶ S. 60, 100) liegt das Palais, das in seinem Erdgeschoss eine Sammlung sächsischer Barockskulpturen präsentiert.

Vorbei an den Zentaurengruppen aus weißem italienischen Marmor »Eurythos und Hippomia« sowie »Nessus und Deianira« wird das **Palais** erreicht, das in seiner Geschichte niemals Wohnzwecken diente.

Den Mittelpunkt des dreigeschossigen Bauwerks bildet der über zwei Geschosse reichende Festsaal. Johann Georg Starke setzte das Bauwerk 1678 bis 1683 in die Parkmitte, dort, wo sich die Haupt- und die Queralle schneiden. Das Parterre wird von barocken **Kavalierhäuschen** begrenzt, in denen einst die Gäste des Königs untergebracht waren. Das Palais war für sommerliche Vergnügungen der Hofgesellschaft erbaut worden, später diente es als Altertumsmuseum, am Ende des Zweiten Weltkriegs wurde es schwer beschädigt, das Innere brannte völlig aus. Äußerlich ist das Architekturdenkmal seit einigen Jahren wiederhergestellt, im Inneren dagegen wartet noch eine Menge Arbeit auf die Handwerker.

Rechter Hand versteckt sich hinter Bäumen das wie eine Arena der alten Griechen gestaltete **Parktheater**, das auf August den Starken zurückgeht. Es ist das älteste noch in ursprünglicher Form erhaltene barocke Gartentheater Mitteleuropas. Gespielt wird für Erwachsene und für Kinder. Auf der gegenüberliegenden Seite, zwischen Friedrich-Bouché-Weg und Fürstenallee, sieht man das **Freilicht-Puppentheater Sonnenhäusel** (1955). Hinter dem Palais steht ein rechteckiges **Bassin**, das Wasserfesten diente, und dort, wo die Hauptallee weiterläuft, die ovale **Üppigkeitsvase** (1722) mit Szenen aus dem Leben Alexanders des Großen. Am Südrand des Großen Gartens wurde 1881 eine weitere Kiesgrube zum **Carolasee** umgewandelt, auf dem Boot gefahren werden kann.

AUSFLÜGE IN DIE UMGEBUNG
Kulturlandschaft Moritzburg ⭐

Charakteristik: Zu den beliebtesten und meistbesuchten Ausflugszielen in Dresdens Umgebung gehört Moritzburg mit dem barocken Jagdschloss **Dauer:** Tagesausflug **Länge:** ca. 40 km **Anfahrt:** Mit der S-Bahn bis Radebeul-Ost und von dort weiter mit der Kleinbahn, mit dem Pkw sind es von Dresden etwa 16 km **Einkehrtipp:** Churfürstliche Waldschaenke, Große Fasanenstraße, Moritzburg, Tel. 03 52 07/86 00, www.waldschaenke-moritzburg.de €€ **Auskunft:** Tourist-Information, Schlossallee 3 b, Moritzburg, Tel. 03 52 07/85 40, www.moritzburg.de **Karte** ▶ S. 107, b 1

Sachsens Kurfürsten und Könige mochten die Moritzburger Landschaft, hier gingen sie mit Leidenschaft der Jagd nach. August der Starke ließ ein bescheidenes Jagdhaus, das sich Herzog Moritz Mitte des 16. Jh. hatte erbauen lassen, zu einem **Barockschloss** (www.schloss-moritzburg.de) erweitern. In Ocker und Weiß, den Farben des sächsischen Barock, ist es weithin zu sehen. In dem Bauwerk mit seinen vier Prunksälen und über 200 Räumen wohnten bis zum Ende des Zweiten Weltkriegs die Wettiner. Diana, der Göttin der Jagd, war der Schlossneubau gewidmet, in der Vergangenheit deshalb oft »Dianenburg« genannt.

Das Interieur der Schlossräume kündet von den künstlerischen und handwerklichen Leistungen des 17. und 18. Jh. Im Jägerturm, der einst wie auch die anderen Türme königlichen Gästen als Unterkunft diente, entstand das historische Porzellanquartier. Hier sind chinesisches, japanisches und Meissener Porzellan zu sehen, dem die Liebe von August dem Starken gehörte. Ein Blickfang im Schloss ist das Prunkbett im **Federzimmer**, eine flauschige Kostbarkeit, die August der Starke 1723 von einem Franzosen erworben hatte. 1 Mio. Federn sollen für den Baldachinhimmel und die Bettvorhänge verarbeitet worden sein. Der Kurfürst ließ jedoch die Bettvorhänge abtrennen und zu Wandbehängen umarbeiten, was dem Raum den Namen gab. Nach einer 19-jährigen Restaurierung sehen Sie das Federzimmer, nun staubdicht abgeschlossen, hinter einer Glasscheibe.

Die Ausstattung der großen Säle ist der **höfischen Jagd** gewidmet. Die Sammlung der Rothirschgeweihe gilt als eine der bedeutendsten der Welt, die mächtigsten Exemplare hängen im Speisesaal, darunter das des »Großen Moritzburger 24-Enders«. Diese Trophäe stammt von einem vor mehr als 300 Jahren erlegten Hirsch.

Hinter Schloss Moritzburg gibt es das Waldareal, in dem acht Schneisen sternförmig auf das **Hellhaus** zulaufen. Auf dessen Dach standen einst die Höflinge und die Damen und beobachteten die Jagd. Das angefütterte Wild, das den Kurfürsten und Gästen vor die Flinten gejagt wurde, kam aus dem nahen **Wildgehege** (www.smul.sachsen.de). Bereits Kurfürst Johann Georg IV. ließ das Gehege Ende des 17. Jh. anlegen.

Auch den barocken Speisesaal des kurfürstlichen Jagd- und Lustschlosses Moritzburg (▶ MERIAN TopTen, S. 102) ziert eine imposante Sammlung von Jagdtrophäen.

Heute tummeln sich in der Anlage mehr als 30 heimische Tierarten, darunter Rot- und Damwild, Rehe, Wölfe, Luchse und Fischotter.
Für die Jagden waren Pferde erforderlich, die ab 1733 in geräumigen Stallanlagen standen, dem heutigen **Sächsischen Landgestüt** (www.saechsische-gestuetsverwaltung.de). Jedes Jahr im September eilen Tausende von Pferdeliebhabern aus ganz Deutschland nach Moritzburg, denn die seit 1929 stattfindenden Hengstparaden sind berühmt.
Im **Rüdenhof**, in der Meißner Str. 7, wird die expressionistische Grafikerin und Bildhauerin **Käthe Kollwitz** (www.kollwitz-moritzburg.de) gewürdigt. Die Nationalsozialisten hatten sie mit Berufsverbot belegt. Der letzte in Moritzburg lebende Wettiner, Ernst Heinrich von Sachsen, lud die Künstlerin allerdings 1944 nach Moritzburg ein, um sie vor den besonders in Berlin drohenden Kriegsgefahren zu schützen. Der Rüdenhof ist heute die einzige erhalten gebliebene Aufenthaltsstätte von Käthe Kollwitz, hier ist sie am 22. April 1945 auch verstorben.
Kulturlandschaft Moritzburg wird die Gegend um das Schloss genannt. Keines der Gewässer ist natürlichen Ursprungs, alle wurden künstlich angelegt. Bei der **Fasanenanlage**, die in der zweiten Hälfte des 18. Jh. erheblich erweitert wurde, entstand 1769 bis 1772 das zierliche **Fasanenschlösschen** (www.schloss-moritzburg.de/de/fasanenschloesschen).
Am **Großteich** ließ König Friedrich August I. Anfang des 19. Jh. einen Hafen mit Mole und Leuchtturm anlegen, der in seiner ursprünglichen Form erhalten blieb. Auf dem Rückweg passiert man die bereits um 1770 erwähnte ehemalige Churfuerstliche Waldschaenke.

Panoramafelsen Bastei

Charakteristik: Von der Plattform der Bastei bietet sich der fabelhafteste Blick weit und breit über die Landschaft, der Felsen ist das meistbesuchte Ziel in der Sächsischen Schweiz **Dauer:** Tagesausflug **Länge:** ca. 30 km **Anfahrt:** mit einem Schiff der Raddampferflotte oder der S-Bahn bis Kurort Rathen, mit dem Auto über Pirna und Lohmen **Einkehrtipp:** Panoramarestaurant Bastei auf dem Basteifelsen, Tel. 03 50 24/77 90, www.bastei-berghotel.de € **Auskunft:** TV Sächsische Schweiz e.V., Bahnhofstr. 21, Pirna, Tel. 0 35 01/47 01 47, www.saechsische-schweiz.de **Karte** ▸ S. 107, d 3

Sächsische Schweiz nennt sich der zu Deutschland gehörende 360 qkm große Teil des Elbsandsteingebirges, der mit seinen bizarren Sandsteinfelsen und engen Schluchten beeindruckende Ausblicke bietet. Der Name soll von den Schweizer Malern Adrian Zingg und Anton Graff stammen, die vor rund 200 Jahren beim Füllen ihrer Skizzenblöcke in den bizarren Formen der Felsen und den Stimmungen ihre Heimat erkannten. Zwei großen Abschnitten der einmaligen Landschaft verlieh die letzte DDR-Regierung noch im Jahr 1990 den höchsten Schutzstatus, sie wurden zum Nationalpark erklärt.

Kurort Rathen ▸ Bastei

Im **Kurort Rathen** beginnt für all diejenigen der Aufstieg zum berühmten **Basteifelsen** (305 m), die mit einem Schiff auf der Elbe oder mit der S-Bahn angereist sind. »Die Bastey ist über die maßen schön, aber erst gült es hinauf zu gelangen«, hat der Maler Adrian Zingg um 1800 niedergeschrieben. Der Weg mit steilen An- und Abstiegen und zahlreichen Stufen – wie alle anderen ist er gut gesichert – führt vorbei an der Felsengruppe Mönch zur **Felsenburg Neurathen**, einem mittelalterlichen, 170 m langen und 100 m breiten, im 15. Jh. geschleiften Rittersitz. Der zerklüftete Felsen trug einst Bauten aus Holz und Fachwerk, von denen sich keine erhalten haben. Das Burggelände mit in Sandstein gemeißelten Felsgemächern steht für die Besichtigung offen.

Durch das Neurathener Felsentor führt der Weg über die 76 m lange und 3 m breite steinerne **Basteibrücke**, die seit 1851 die 40 m tiefe Mardertelle überspannt. Und dann ist er endlich erreicht: der nach vorn ragende Basteifelsen, der einen spannenden Blick auf die 192 m tiefer fließende Elbe bietet. Eintritt wird auf dem Highlight der Sächsischen Schweiz nicht erhoben, Öffnungszeiten gibt es keine. Die Bastei kann ganzjährig zu jeder Zeit betreten werden. Aus 192 m bietet sich ein spannender Blick auf die Elbe. Fast wie kleines Spielzeug wirken die Schiffe aus der luftigen Höhe.

Hoch ragt der **Lilienstein** mit seinen 415 m auf, der charakteristischste Tafelberg des Gebirges. Bestiegen werden kann er auf seiner Süd- und seiner Nordseite. Die Stufen auf der Südseite wurden 1708 eigens für August den Starken in das Gestein geschlagen, der von den Felsen aus die **Festung Königstein** in einer ungewöhnlichen Perspektive betrachten wollte. Diese thront 240 m über

Über steinige Wege wird die Ruine der mittelalterlichen Felsenburg Neurathen (▶ S. 104) unterhalb der Bastei in der Sächsischen Schweiz erreicht.

der Elbe als einzigartiges Zeugnis europäischer Festungsbaukunst.

Die großartige Landschaft entstand vor rund 100 Mio. Jahren, als weite Teile Mitteleuropas von einem Meer bedeckt waren. In dem lagerte sich Sand ab, der sich langsam zu einer Steinplatte verdichtete. Tektonische Bewegungen führten später zu senkrechten Rissen und Klüften und ließen das zauberhafte Gebirge entstehen. Heinrich von Kleist meinte, die Felsen würden »wie ein bewegtes Meer von Erde aussehen … als hätten da die Engel im Sande gespielt.«

Bastei ▶ Kurort Rathen

Nach dem Genuss dieser spektakulären Fluss- und Gebirgslandschaft, die die Bastei umgibt, hat auch der Abstieg einiges zu bieten: Von der Bastei geht es über mehr als 700 Stufen in den **Amselgrund**. Der Weg führt durch die sogenannten **Schwedenlöcher**, eine klammartige Felsengasse, in die sich die Bevölkerung in Kriegszeiten flüchten konnte. Durch den Amselgrund plätschert der Grünbach, der dort, wo er über eine etwa 10 m hohe Felsstufe stürzt, **Amselfall** genannt wird.

Auf dem 1934 angelegten **Amselsee**, einem romantischen 540 m langen Stausee, den zahlreiche Kletterfelsen umgeben, sind Bootsfahrten beliebt. Danach wird zwischen den Felsen Kleine Gans und Großer Wehlturm die **Felsenbühne Rathen** (www.felsenbuehne-rathen.de) erreicht – das schönste Naturtheater, sagen die Dresdner, und niemand hat ihnen das bis jetzt streitig gemacht.

In den Sommermonaten agieren hier die Helden von Karl May. Die Opernliebhaber besuchen abends Webers »Freischütz« oder gar die Märchenoper »Hänsel und Gretel«, Klassikfans verfolgen Shakespeares »Sommernachtstraum«.

Weinort Radebeul

Charakteristik: In das Städtchen pilgern nicht nur Freunde des Weins, sondern auch die Fans von Karl May und Eisenbahnfans **Dauer:** Tagesausflug **Länge:** ca. 11 km **Anfahrt:** Von Dresden mit der Straßenbahn 4 oder der S-Bahn, mit dem Auto von Dresden auf dem rechtselbischen Ufer ca. 10 km **Einkehrtipp:** Restaurant Spitzhaus, Spitzhausstr. 36, Radebeul, Tel. 03 51/8 30 93 05, www.spitzhaus-radebeul.de €€ **Auskunft:** Tourist-Information Radebeul, Meißner Str. 152, Radebeul, Tel. 03 51/8 95 41 20, www.radebeul.de
Karte ▶ S. 107, b 2

Hübsche Villen im Stil von Barock und Klassizismus sowie die Weinberge prägen das etwa 8 km lange Städtchen Radebeul, das mit Dresden zusammengewachsen ist. Inmitten von Rebstöcken steht das **Haus Hoflößnitz** (1648–1650), das sich die Wettiner als Berg- und Lusthaus erbauen ließen. Der original erhalten gebliebene Fachwerkbau hat ein **Weinbaumuseum** (www.hofloessnitz.de) aufgenommen, in dem üppig ausgemalten Festsaal im Obergeschoss wird zu Konzerten und Lesungen geladen. Die Weinreben ziehen sich an den Hängen des Elbtals bereits seit rund 1000 Jahren in die Höhe. Das Weinanbaugebiet gehört zu den besonders kleinen in Deutschland, etwa die Hälfte der Weinberge bewirtschaften ungefähr 2000 Hobbywinzer, die jeweils nur über winzige Flächen verfügen.

Gleich hinter dem Museum zieht sich Sachsens längste **Treppenanlage** (1747–1750) durch einen Weinberg, wer sie nach oben steigt, kommt zum Bismarckturm und der Gaststätte Spitzhaus. »Jahrestreppe« sagt der Volksmund zu der Anlage, weil sie angeblich 365 Stufen hat.

An der Straße nach Meißen erhebt sich **Schloss Wackerbarth** (www.schloss-wackerbarth.de) mit einer Parkanlage im französischen Stil – hier befindet sich Deutschlands erstes Erlebnisweingut. Dort wird nicht nur die Weinbautradition Sachsens als multimediales Erlebnis inszeniert, hier werden auch jeden Tag Touren zu den Themen Sekt, Wein und Geschichte angeboten. Wackerbarths Weine haben einen guten Ruf, die Sekte entstehen in der klassischen Flaschengärung.

Nicht nur die Weinberge sind in Radebeul das Ziel, oft ist es der Name eines Mannes, der mit seinen fantastischen Geschichten Millionen Menschen fesselt: Karl May. Das brachte ihm schon zu Lebzeiten viel Geld ein, wovon er sich 1895 eine Gründerzeitvilla in der heutigen Karl-May-Straße 5 kaufte, der er den Namen »Villa Shatterhand« gab. 1928 wurde das Haus zum **Karl-May-Museum** (www.karl-may-museum.de), Mays Bücher wurden in über 40 Sprachen übersetzt, die weltweite Auflage schätzt man auf 200 Mio. Exemplare. Nicht nur die Villa, sondern auch das monumentale, 5 m hohe Grufthaus in der Form eines griechischen Niketempels auf dem Friedhof Radebeul-Ost belegt, dass May schon zu Lebzeiten sehr wohlhabend war. Im Museum sind seine persönliche Bibliothek sowie das

Empfangs- und Arbeitszimmer zu sehen, mit dem Schreibtisch, an dem die Abenteuer von Old Shatterhand und Winnetou erdacht wurden. In einem Blockhaus im Garten, der **Villa Bärenfett**, wird die Ausstellung »Indianer Nordamerikas« gezeigt.
An der Nordseite des Bahnhofs Radebeul-Ost beginnt die im Jahr 1884 eröffnete **Lößnitzgrundbahn**, eine 16,5 km lange Kleinbahnstrecke mit einer Spurweite von 750 mm. Über Moritzburg dampfen die historischen Lokomotiven und Wagen wie im Eröffnungsjahr mit der Geschwindigkeit von 25 km/h nach Radeburg. Bekannt wurde die Kleinbahn unter dem Namen »Lößnitzdackel«.

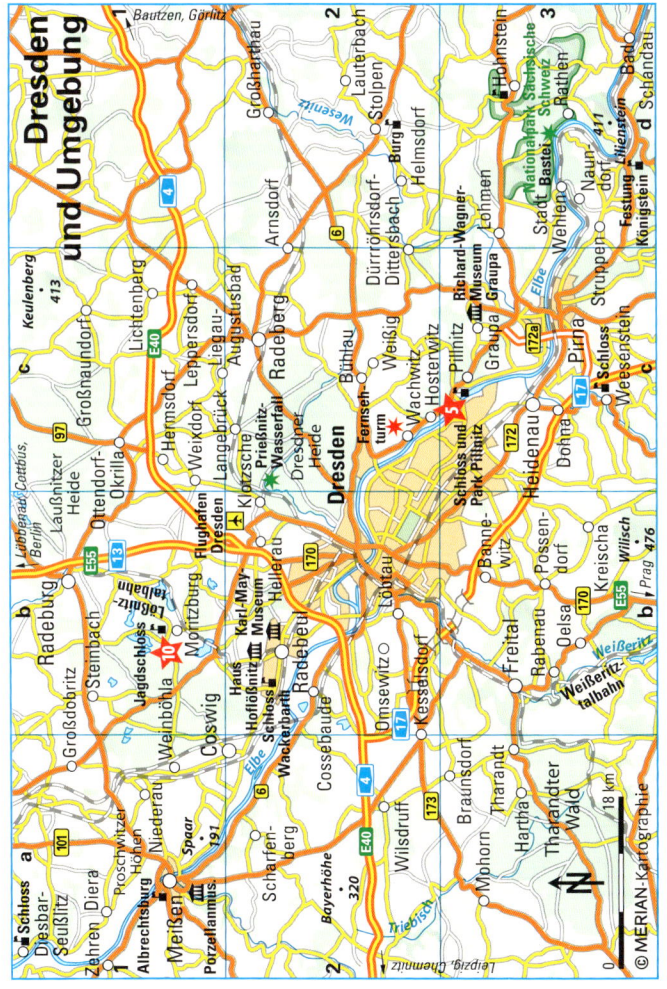

Porzellanstadt Meißen

Charakteristik: Meißen kennt die Welt durch das Porzellan mit den blauen Schwertern. Eine Reise hierher gehört für viele zum Dresden-Besuchsprogramm
Dauer: Tagesausflug **Länge:** ca. 20 km **Anfahrt:** mit der S-Bahn oder einem Fahrgastschiff auf der Elbe bzw. mit dem Auto von Dresden auf der B 6 **Einkehrtipp:** Restaurant Vincenz Richter, An der Frauenkirche 12, Meißen, Tel. 0 35 21/ 45 32 85, www.vincenz-richter.de €€–€€€ **Auskunft:** Tourist-Information, Markt 3, 01662 Meißen, Tel. 0 35 21/4 19 40, www.touristinfo-meissen.de
Karte ▶ S. 109 und S. 107, a 1

Wahrzeichen von Meißen, das zum großen Teil sein mittelalterliches Aussehen bewahren konnte, bildet der Burgberg mit dem großartigen Bauensemble von Albrechtsburg und Dom. Der Weg dorthin führt zunächst zum Heinrichsplatz mit dem 1863 aufgestellten **Heinrichsbrunnen** und weiter zum **Markt**, den beachtenswerte Bauten aus Gotik und Renaissance umgeben.

Im Turm der dreischiffigen **Frauenkirche** (15./16. Jh.) an der südwestlichen Marktplatzecke hängt das erste spielbare **Porzellanglockenspiel** der Welt (1929), das aus 37 Glocken aus Meissener Porzellan besteht.

Markt ▶ Burgberg

Über die Burgstraße, Schlossstufen und die um 1225 errichtete Schlossbrücke erreicht man den **Burgberg**. Um den Dom und die Albrechtsburg gruppieren sich Bischofsschloss, Domherrenhöfe und Kornhaus.

Der frühgotische **Dom** aus dem 13. bis 15. Jh. besitzt eine Ausstattung, die zum Wertvollsten gehört, was der Freistaat Sachsen an Kunstwerken zu bieten hat. So fertigten die Stifterfiguren in der Mitte des 13. Jh. Meister der legendären Naumburger Bildhauerwerkstatt, und das Gemälde am Laienaltar vor dem Lettner kam um das Jahr 1540 aus dem Atelier von Lucas Cranach d. Ä., dem großen Maler der Reformation.

Die **Albrechtsburg**, in den Jahren 1471 bis 1525 von Baumeister Arnold von Westfalen direkt an den Dom angebaut, war Mitteleuropas erste schlossartige Residenz. Heute gilt sie als einer der wichtigsten gotischen Profanbauten in Deutschland. Die Burg besitzt, was im ausgehenden Mittelalter noch unüblich war: klare Fassaden mit hellen großen Fenstern und Räume von großzügigem Zuschnitt. An der Hofseite beeindruckt die Treppenkonstruktion des Großen Wendelsteins. Von der Albrechtsburg aus wollten die wettinischen Brüder Ernst und Albrecht das ihnen gehörende Sachsen und Thüringen regieren. Eine Landesteilung und die Verlegung der Residenz durch Albrecht nach Dresden vereitelte dieses Vorhaben, sodass die Burg nie Regierungssitz war. Im Dreißigjährigen Krieg wurde das Schloss stark beschädigt. Die prachtvolle Ausmalung der Räume erfolgte etwa zwischen 1873 und 1882 im damals modernen historisierenden Stil.

Von den **Domherrenhäusern** gehört die ehemalige 600 Jahre alte **Dompropstei** (Haus Nr. 7) wohl zu den schönsten spätgotischen Gebäuden Meißens.

Burgberg ▸ Porzellanmuseum

Im Frühjahr 1710 rumpelte ein Reisewagen in den Burghof, Johann Friedrich Böttger kam an, der mit Tschirnhaus das europäische Porzellan erfunden hatte, um auf Geheiß von August dem Starken auf der Albrechtsburg die **Porzellanmanufaktur** einzurichten. Durch ihre Lage konnte sie weitgehend abgeschirmt werden. 1864 zog diese hinunter ins Triebischtal in die noch heute genutzten Werkanlagen. Dort ist die Porzellanherstellung nach wie vor Handarbeit. Zur **Erlebniswelt Haus Meissen** (www.meissen.com) gehört eine Boutique, in der es nicht nur das weltweit größte Angebot an Meissener Porzellan gibt. Das Traditionsunternehmen bemüht sich, auch in anderen Bereichen der Luxusgüterwelt Fuß zu fassen, es kreiert neuerdings Schmuck ebenso wie Kleidung. Im **Porzellanmuseum** unternehmen die Besucher einen Streifzug durch die Geschichte des Meissener Porzellans, und in den **Schauwerkstätten** sehen sie an vier Arbeitsplätzen, wie das berühmte Porzellan entsteht. Hier kann man beim Drehen und Formen zuschauen, beim Bossieren, der Unterglasurmalerei und der Aufglasurmalerei. Die Porzellanherstellung hat sich seit Böttgers Zeiten stetig verändert, das Sortiment vor allem in jüngster Zeit. Eines aber ist bis heute geblieben: Die »gekreuzten Schwerter«, das Markenzeichen, werden nach wie vor in kobaltblauer Farbe per Handarbeit aufgebracht.

Ob mit dem roten Doppeldeckerbus, der Straßenbahn oder dem Schiff: Eine Stadtrundfahrt (▶ S. 120) lohnt immer.

Wissenswertes über
Dresden

Nützliche Informationen für einen gelungenen Aufenthalt: Fakten über Land, Leute und Geschichte sowie Reisepraktisches von A–Z.

Auf einen Blick

Mehr erfahren über Dresden – Informationen über Land und Leute, von Bevölkerung über Geografie und Politik bis Religion und Wirtschaft.

Bevölkerung: 95,3 % Deutsche, 4,7 % Ausländer
Einwohner: 541 000
Fläche: 328,31 qkm
Internet: www.dresden.de
Religion: 15,2 % evangelisch-lutherisch, 4,6 % katholisch
Verwaltung: Landeshauptstadt des Freistaates Sachsen, aufgegliedert in 19 Ortsämter

Bevölkerung

Die Bevölkerung der Stadt ist, bedingt durch bedeutende Ereignisse, starken Schwankungen unterworfen. 1933 zählte Dresden 649 000 Einwohner, 1990, im Jahr der deutschen Einheit, waren es 493 000, gegenwärtig sind es rund 541 000. Im Gegensatz zu vielen anderen ostdeutschen Städten hat Dresden seit 1998 keinen Bevölkerungsschwund zu verzeichnen. Auf 1 qkm kommen 1632 Einwohner. Der Ausländeranteil beträgt 4,7 %.

Lage und Geografie

Die sächsische Landeshauptstadt liegt im südöstlichen Teil des Freistaates Sachsen. Die nördliche Breite beträgt 51 Grad, 2 Min., 55 Sek., die östliche Länge 13 Grad, 44 Min., 29 Sek. Der Elbpegel befindet sich 102,73 m über NN, der Altmarkt 113 m über NN. Höchster Punkt ist mit 383 m über NN der Triebenberg, der tiefste

◀ Attraktives Dresden: Die Einwohnerzahl wächst von Jahr zu Jahr.

Punkt befindet sich mit 101 m über NN in Cossebaude. Die Stadtgrenze hat einen Umfang von 139,65 km. Dresden zählt mit 62 % Wald- und Grünfläche zu den grünsten Städten Europas. Zu den Parkanlagen gehören auch international bekannte wie der Große Garten und der Schlosspark Pillnitz. Zahlreiche historische Anlagen konnten in den vergangenen Jahren durch umfangreiche, aufwendige Arbeiten bedeutend an Qualität gewinnen. Die Elbe umsäumen breite Wiesen und sanfte Weinhänge, das Überschwemmungsgebiet der Elbe beträgt bei einem Wasserstand von 9,24 m ungefähr 250 qkm. Die Elbe durchfließt das Stadtgebiet auf etwa 30 km. Bei einer mittleren Breite des Flusses von 113 m besitzt die Fahrrinne bei Mittelwasser eine Tiefe von 1,90 m. Innerhalb der Stadtgrenzen gibt es zehn Brücken. Durch das Stadtgebiet führen außer der schiffbaren Elbe die beiden im Osterzgebirge entspringenden linken Nebenflüsse Weißeritz und Lockwitzbach sowie die rechts zufließende Prießnitz. Daneben findet man auf dem Stadtgebiet noch kleinere Flüsse wie den Kaitzbach oder den Lausenbach. In der Stadt wurden rund 48 000 Straßenbäume gepflanzt, und es gibt etwa 300 Brunnen und Wasserspiele.

Politik

Dresden ist seit 1990 Landeshauptstadt des wiedergegründeten Freistaates Sachsen. Bei der Stadtratswahl im Mai 2014 konnte die CDU 27,6 % der Stimmen erringen, gefolgt von der Partei Die Linke mit 20,9 %, den Grünen mit 15,7 %, der SPD mit 12,8 % und der FDP mit 5,0 %. Die Wahlbeteiligung betrug 53,2 %. Die 70 Stadträte werden für eine Amtszeit von fünf Jahren gewählt. Bei der Oberbürgermeisterwahl im Juni 2008 errang Helma Orosz (CDU) 64 % der Stimmen. Ende Februar 2015 trat sie aus gesundheitlichen Gründen zurück. Bis zu Neuwahlen übernahm das Amt der Erste Bürgermeister Dirk Hilbert.

Religion

Der überwiegende Teil der Einwohner ist konfessionslos. Etwa 15 % bekennen sich zum protestantischen Glauben, etwa 5 % sind katholisch.

Wirtschaft

Dresden stellt einen der modernsten Hightech-Standorte mit besonderen Kompetenzen in der Mikro-Elektronik, der Informations- und Kommunikationstechnik sowie der Biotechnologie dar. Bedeutung haben außerdem der Maschinen- und Anlagenbau, der Fahrzeugbau sowie der Tourismus. Jährlich verzeichnet die Stadt etwa 12 Mio. Gäste, fast 2 Mio. von ihnen übernachten in Dresden, sie bleiben im Durchschnitt 2,1 Tage. Der Anteil der ausländischen Gäste beträgt 18,6 %.

Etwa 1500 Unternehmen, die mehr als 48 000 Mitarbeiter beschäftigen, machen Dresden heute zum größten europäischen Cluster im Bereich der Mikroelektronik, Informations- und Kommunikationstechnologie. Die Technische Universität ist die größte Universität Sachsens, ferner gibt es die Hochschule für Technik und Wirtschaft, die Hochschule für Musik Carl Maria von Weber sowie die Hochschule für Kirchenmusik.

Geschichte

1206
Dresden ist zum ersten Mal in einer Urkunde genannt.

1403
Altendresden, die heutige Innere Neustadt, bekommt das Stadtrecht verliehen.

1485
Die Brüder Ernst und Albrecht teilen Sachsen auf, Dresden wird ständige Residenz der albertinischen Linie der Wettiner.

1539
Mit einem Gottesdienst in der Kreuzkirche wird die Reformation in Dresden und Sachsen eingeführt.

1547
Herzog Moritz bekommt die Kurwürde verliehen, Sachsen ist der bedeutendste protestantische Staat Deutschlands.

1694
Friedrich August I., später der Starke genannt, wird nach dem plötzlichen Tod seines kinderlosen Bruders Kurfürst.

1697
August der Starke konvertiert zum Katholizismus, als August II. erwirbt er die polnische Krone.

1708
Johann Friedrich Böttger erfindet das weiße europäische Porzellan.

1710
Beginn der Bauarbeiten am Zwinger, die bis 1732 dauern.

1732
Altendresden wird erstmals als Neue Königstadt bezeichnet, der linkselbische Stadtteil daraufhin Altstadt genannt.

1733
Tod Augusts des Starken, die Nachfolge als Kurfürst tritt sein Sohn Friedrich August II. an, der noch im selben Jahr als August III. zum König von Polen gekrönt wird.

1806
Sachsen wird Königreich.

1831
Nach den Unruhen der Jahre 1830/31 erhält Sachsen seine erste Verfassung, die umfangreichen Kunstsammlungen gehen in Staatsbesitz über.

1839
Eröffnung der ersten deutschen Eisenbahnfernverbindung zwischen Dresden und Leipzig.

1843
Richard Wagner wird zum Hofkapellmeister ernannt.

Geschichte

1901
Die erste Bergschwebebahn der Welt wird in Dresden-Loschwitz in Betrieb genommen.

1905
Die Künstlervereinigung »Brücke«, ein Zusammenschluss von Expressionisten, entsteht.

1908
Gründung der Gartenstadt Hellerau mit den Deutschen Werkstätten und dem Festspielhaus.

1912
Der weltberühmte Zirkus Sarassani bekommt ein festes Haus, das kurz vor Ende des Zweiten Weltkrieges zerstört wird.

1918
Der König dankt ab, Dresden wird in der Folge Hauptstadt des Freistaates Sachsen.

1945
Vom 13. bis zum 15. Feb. kommen bei den Angriffen britischer und amerikanischer Bomber mindestens 25 000 Menschen ums Leben, die Innenstadt und angrenzende Teile werden völlig zerstört.

1952
Die Länder werden in der DDR aufgelöst, Dresden wird Bezirksstadt.

1953
Der Neuaufbau des Zentrums beginnt an der Westseite des Altmarkts.

1989
Friedliche Revolution auch in Dresden, die das DDR-Ende einleitet.

1990
Freie und demokratische Wahlen nach über 40 Jahren, Dresden wird Landeshauptstadt des Freistaates Sachsen.

2002
Die ersten Luxusautos verlassen die Gläserne Manufaktur von VW. Ein verheerendes Hochwasser richtet in Dresden, der Sächsischen Schweiz und im Elbland riesige Schäden an.

2005
Am 30. Oktober erfolgt die Weihe der aus Ruinen wiederentstandenen Frauenkirche.

2009
Die UNESCO streicht das Dresdner Elbtal wegen des Baus der umstrittenen Waldschlösschenbrücke aus der Welterbeliste.

2015
Tausende Anhänger der islam- und asylkritischen Pegida-Bewegung demonstrieren auf den Straßen, stark besucht sind auch die Gegenveranstaltungen.

Reisepraktisches von A–Z

ANREISE
MIT DEM AUTO
Über die A 4 und A 13 sowie aus Richtung Prag auf der A 17 ist Dresden gut zu erreichen.

MIT DER BAHN
Regelmäßige Verbindungen bestehen von allen größeren deutschen sowie vielen europäischen Städten. Alle Züge halten am Hauptbahnhof und am Bahnhof Neustadt.
Information: Deutsche Bahn • Tel. 0 18 05/99 66 33 (gebührenpflichtig) • www.bahn.de

MIT DEM BUS
Das Liniennetz der Fernbusse dehnt sich immer weiter aus, sie sind wegen der günstigen Preise und Extraleistungen inzwischen sehr beliebt.

MIT DEM FLUGZEUG
Von vielen nationalen und internationalen Flughäfen ist Dresden direkt erreichbar. Der Flughafen, 9 km nördlich vom Stadtzentrum, hat ein modernes Terminal, das als »Terminal der kurzen Wege« gilt. Von hier bestehen S-Bahn-Verbindungen im 30-Minuten-Takt zu den Bahnhöfen Neustadt, Mitte und Hauptbahnhof. Die Fahrzeit bis zum Bahnhof Neustadt beträgt 13 Minuten, bis zum Hauptbahnhof 21 Minuten.
Auf www.atmosfair.de und www.myclimate.org kann jeder Reisende durch eine Spende für Klimaschutzprojekte für die CO_2-Emission seines Fluges aufkommen.

MIT DEM SCHIFF
Die Sächsische Dampfschifffahrt fährt von der Sächsischen Schweiz, Diesbar-Seußlitz und Meißen im Sommer regelmäßig nach Dresden.
Auskunft: Tel. 8 66 09 40 • www.saechsische-dampfschiffahrt.de

AUSKUNFT
FÜR DRESDEN
Touristeninformation
www.dresden.de
– Altstadt • Neumarkt 2 (im QF-Quartier an der Frauenkirche) • Straßenbahn: Altmarkt • Tel. 50 16 01 60 • Mo–Fr 10–19, Sa 10–18, So 10–15 Uhr
 C 3
– Südvorstadt • im Hauptbahnhof (in der Kuppelhalle) • Straßenbahn: Hauptbahnhof • tgl. 8–20 Uhr B 4

FÜR DIE UMGEBUNG
Tourismusverband Sächsisches Elbland e. V. ▶ S. 107, a 1
Fabrikstr. 16, 01662 Meißen • Tel. 0 35 21/7 63 50 • www.elbland.de

Tourismusverband Sächsische Schweiz e. V. ▶ S. 107, c 3
Bahnhofstr. 21/22, 01796 Pirna • Tel. 0 35 01/47 01 47 • www.saechsische-schweiz.de

BUCHTIPPS
Gabriele Hoffmann: Constantia von Cosel und August der Starke (Bastei Lübbe, 1988) Diese Doppelbiografie über August den Starken und die schöne und kluge Anna Constantia von Brockdorff, die Mätresse des Kurfürsten, die zur ersten Dame des Dresdner Hofs avancierte, ist ein interessantes Zeitdokument.
Erich Kästner: Als ich ein kleiner Junge war (Deutscher Taschenbuch Verlag, 2003) Der gebürtige Dresdner Erich Kästner schreibt über seine

Kindheitserinnerungen und erzählt von den Jahren 1907 bis 1914 in seiner Heimatstadt.

Wolfgang Stumph, Norbert Weiß: Sächsische populäre Irrtümer (be.bra verlag, 2007) Ein amüsanter Streifzug durch die sächsische Vergangenheit und Gegenwart mit Deutschlands beliebtestem Sachsen, dem Kabarettisten und Schauspieler Stumphi.

Uwe Tellkamp: Der Turm (Suhrkamp, 2008) Der Dresdener Autor erzählt in seinem preisgekrönten Roman von den Bewohnern eines Dresdener Villenviertels in den späten 1980er-Jahren, den Konflikten zwischen Anpassung und Aufbegehren, die zur Revolution von 1989 führten. Zu Dresden ist zudem ein Band der Reihe **MERIAN** *momente* (TRAVEL HOUSE MEDIA, 2014) erhältlich.

CITY CARD

Die **Dresden Card** bietet freien Eintritt in 13 Museen sowie Ermäßigungen bei bis zu 120 weiteren touristischen Angeboten und die kostenlose Benutzung von Straßenbahn, Stadtbus und S-Bahn. Die Dresden Card gibt es für ein, zwei oder drei Tage, die Dresden-Regio-Card gilt auch im Umland. Beide sind als Einzel- oder Familienkarte erhältlich (Preise von 10 € bis 75 €, Infos und Buchungen unter www.dresden.de).

DIPLOMATISCHE VERTRETUNGEN

Österreichisches Honorarkonsulat 📖 C 3

Altstadt • An der Frauenkirche 12 • Straßenbahn, Bus: Universitätsklinikum • Tel. 4 81 70 40

Schweizerisches Konsulat 📖 A 2

Altstadt • Könneritzstr. 11 • Straßenbahn: Bf. Mitte • Tel. 43 83 29 90

FEIERTAGE

1. Jan. Neujahr
Karfreitag
Ostermontag
1. Mai Tag der Arbeit
Christi Himmelfahrt
Pfingstmontag
3. Okt. Tag der Deutschen Einheit
31. Okt. Reformationstag
Buß- und Bettag
25. Dez. 1. Weihnachtsfeiertag
26. Dez. 2. Weihnachtsfeiertag

FESTE UND EVENTS

APRIL

Filmfest Dresden
Alljährlich Mitte April ist Dresden Schauplatz eines der bedeutendsten Kurzfilmfestivals Deutschlands. Das Programm umfasst den Kurzfilm in all seinen Facetten: Neben Animations- und Kurzspielfilmen finden auch Dokumentationen und Experimentalfilme ihren Weg auf die Leinwand.
www.filmfest-dresden.de

MAI

Traditionelle Dampferparade
Ein tolles Spektakel: Am 1. Mai starten die neun historischen Schaufelraddampfer und zwei Salonschiffe zur Flottenparade mit Livemusik.
www.saechsische-dampfschifffahrt.de

Internationales Dixieland-Festival Dresden
Mitte Mai wird eine Woche lang Musik in Sälen, auf Straßen und Plätzen in der europäischen Hauptstadt des Dixieland gespielt. Dresden gilt bei Jazzern und Dixiefreaks als das New Orleans Europas, und das wird hier angemessen zelebriert.
www.dixieland.de

MAI/JUNI
Dresdner Musikfestspiele
Zu diesen Festspielen werden Konzerte mit internationalen Stars und Dresdner Künstlern in Schlössern, Theatern und Kirchen veranstaltet. Die Festspiele sind jedes Jahr einem anderen Thema gewidmet und ziehen Besucher von weither an.
www.musikfestspiele.com

JUNI
Elbhangfest
Das Elbhangfest ist eines der populärsten Stadtteilfeste in Dresden. Es bietet am letzten Wochenende des Monats Kunst und Volksfest in einem; neben Konzerten und Theater gibt es auch Märkte für das Dresdner Handwerk. Das Fest wird auf einem Areal entlang der Elbe von Loschwitz bis Pillnitz veranstaltet.
www.elbhangfest.de

Bunte Repulik Neustadt
▶ MERIAN-Tipp, S. 18

JUNI BIS AUGUST
Filmnächte am Elbufer
Open-Air-Kino an der Elbe: Zahlreiche Zuschauer locken das vielseitige Filmangebot sowie Konzerte bekannter Künstler vor traumhafter Kulisse: am Ufer der Elbe gegenüber der historischen Altstadt.
www.filmnaechte-am-elbufer.de

AUGUST
Dresdner Stadtfest 🎭
Viel Spaß und Unterhaltung: Das 1997 erstmals in der zweiten Monatshälfte veranstaltete Fest spricht aufgrund seines umfangreichen, vielseitigen Programms Jung und Alt an. Eröffnung auf dem Theaterplatz.
www.dresdner-stadtfest.com

Moritzburg Festival
Bekannte Spitzenmusiker, aber auch hochbegabte Nachwuchstalente präsentiert das Kammermusikfestival im zauberhaften Ambiente des Moritzburger Schlosses. Spielorte in Dresden sind u. a. die Gläserne Manufaktur, die Frauenkirche und das Palais im Großen Garten.
www.moritzburgfestival.de

OKTOBER
TonLagen – Dresdner Festival für zeitgenössische Musik
Das international bedeutende Festival der Gegenwartskunst findet Anfang Oktober im Festspielhaus Hellerau statt. Gespielt wird zeitgenössische Musik von Musiktheater über Kammer- und Elektronische Musik bis zu multimedialen Performances.
www.hellerau.org

NOVEMBER
Jazztage Dresden
Erstklassiger Jazz: Gut 200 Künstler machen Dresden in rund 25 Locations in der ersten Novemberhälfte zum »Jazzmekka an der Elbe«.
www.jazztage-dresden.de

DEZEMBER
Striezelmarkt
Alljährlich zur Adventszeit verwandelt sich der Altmarkt in ein einzigartiges Weihnachtsland. Der Striezelmarkt, der traditionell am Samstag vor dem ersten Advent öffnet, gilt als Deutschlands ältester Weihnachtsmarkt. Angeboten werden Pyramiden, Räuchermänner, Nussknacker und Schwibbögen aus dem nahen Erzgebirge, Blaudruck und Töpferwaren aus der Lausitz und Adventssterne aus Herrnhut. Kulinarische Attraktion bildet stets der originale

Dresdner Christstollen, aber auch Pulsnitzer Pfefferkuchen und die beliebten Bratwürste fehlen nicht.

FUNDBÜRO
Stadt Dresden
Innere Altstadt • Theaterstr. 13 • Straßenbahn: Am Zwingerteich • Tel. 4 88 59 96 • E-Mail: fundbuero@dresden.de • Mo–Fr 9–12, Di, Do bis 18 Uhr

Deutsche Bahn
Seevorstadt • Gepäckzentrum Hauptbahnhof • Straßenbahn: Hauptbahnhof • Tel. 09 00/199 05 99 • Mo–Sa 8–20, So, feiertags 10–20 Uhr

LINKS UND APPS
LINKS
www.dresden.de
Offizielle Website der Landeshauptstadt mit aktuellen Infos und vielen Links, u. a. zum Tourismus.
www.vvo-online.de
Mobilitätsportal für Dresden und die Region.
www.dresden-neustadt.de
Cityportal mit Informationen rund um die Dresdner Neustadt.
www.dresden-online.de
Stadtinformationsmagazin mit Kulturtipps, Hotels und vielem mehr.
www.elbland.de
Vieles über Meißen, Moritzburg und die Ferienregion Sächsisches Elbland

www.saechsische-schweiz.de
Touristische Informationen über das Elbsandsteingebirge südöstlich von Dresden.

APPS
Fahrinfo Dresden
Die App fürs iPhone gibt eine aktuelle Fahrplanauskunft für die Busse und Bahnen des Verkehrsverbundes Oberelbe, zu dem auch Dresden gehört. Abfahrts- und Ankunftshaltestelle eingeben, flugs werden drei Verbindungen zum Ziel angezeigt.
BetterTaxi
Taxibestellung in Dresden ganz einfach: erst anmelden, dann Taxi bestellen und klimaneutral losfahren, der Preis wird vorher berechnet.
Dresden Offline Stadtplan
Der umfassende Stadtplan mit Infos zu Sehenswürdigkeiten, Geschäften, Kneipen, Bars und vielem mehr ist für Android-Handys konzipiert. Die Suchfunktion zeigt jede Straße in Dresden an, alle Einträge sind nach Kategorien geordnet. Praktischerweise funktioniert die App auch ohne Internetverbindung.
Dresden Aktuell
Mit dieser App sind Sie in Dresden immer up-to-date. Das Klingeln signalisiert: Es gibt Neuigkeiten aus dem Stadtleben – inklusive Fotos, Veranstaltungen und Terminen.

Klima (Mittelwerte)	JAN	FEB	MÄR	APR	MAI	JUN	JUL	AUG	SEP	OKT	NOV	DEZ
Tagestemperatur	1	3	8	14	18	23	24	24	20	14	7	3
Nachttemperatur	-3	-3	0	4	8	12	14	13	10	6	2	-1
Sonnenstunden	2	3	4	5	6	7	7	7	6	4	2	2
Regentage pro Monat	9	9	8	10	11	11	10	9	8	9	9	11

MEDIZINISCHE VERSORGUNG
KRANKENVERSICHERUNG
Für Österreicher und Schweizer ist an und für sich die Vorlage einer Europäischen Krankenversicherungskarte (EHIC) ausreichend. Als zusätzlicher Versicherungsschutz empfiehlt sich der Abschluss einer Auslandskrankenversicherung, da diese Krankenrücktransporte mitversichert.

KRANKENHAUS
Universitätsklinikum Carl Gustav Carus F 2/3
Blasewitz • Fetscherstr. 74 • Straßenbahn, Bus: Universitätsklinikum • Tel. 45 80 • www.uniklinikum-dresden.de

APOTHEKEN UND ÄRTZE
Ansagedienst über Ärzte- und Apothekenbereitschaft unter Tel. 01 15 00.

NEBENKOSTEN
Tasse Kaffee .... 1,80 €
0,3 Ltr. Bier .... 2,20 €
Bratwurst mit Brötchen ...... 2,20 €
Kugel Eis .... 0,90 €
Fahrrad/Tag ab .... 10,00 €
Mietwagen/Tag ab .... 60,00 €

NOTRUF
Euronotruf Tel. 112
(Polizei, Feuerwehr, Rettungsdienst)
Karten-Sperr-Notruf Tel. 11 61 16

PARKPLÄTZE
Ein elektronisches Leitsystem führt in der Altstadt zu Parkhäusern und Parkplätzen und zeigt die freien Plätze an. Problematischer ist es mit dem Parken in der Neustadt.

POST
Briefmarken erhält man in den Filialen der Deutschen Post. Eine Postkarte nach Österreich und in die Schweiz kostet 0,75 €.

REISEDOKUMENTE
Österreicher und Schweizer können mit einem gültigen Reisepass oder Personalausweis (Identitätskarte) einreisen. Kinder unter 16 Jahren müssen im Pass eines Elternteils eingetragen sein oder benötigen einen Kinderausweis bzw. Kinderreisepass.

REISEWETTER
Dresden gehört zu den wärmsten Städten Deutschlands. Zu den schönsten Reisemonaten zählen die Monate Mai bis Oktober, aber auch der Dezember ist wegen der Weihnachtsmärkte beliebt.

STADTFÜHRUNGEN
MIT DEM BUS
Live moderierte Rundfahrten durch die Altstadt, die Neustadt und an der Elbe entlang im Roten Doppeldeckerbus. Dauer 1,5 Std.
Abfahrt Wilsdruffer Str./Stadtmuseum • Straßenbahn: Altmarkt • tgl. mehrere Abfahrten • Tel. 4 94 04 04 • www.stadtrundfahrt-dresden.de • Ticket 15 €, Kinder frei

Die Dresdner Verkehrsbetriebe bieten die **Original-Entdecker-Tour** einschl. Fahrt mit der Standseilbahn (Dauer ca. 2,5 Std.) und Rückfahrt mit einem historischen Raddampfer.
Abfahrt Wilsdruffer Str. (Höhe Stadtmuseum) • Straßenbahn: Altmarkt • www.dvb.de • April–Okt. So–Fr 10.15, 14.15, Sa 16.15, Mai–Sept. auch 12.15 Uhr • Ticket 25 €, Kinder 6 €

Die **Große Stadtrundfahrt** mit ihren 22 Stopps inkl. Zwinger-, Fürstenzugführung, Besuch der Pfunds Molkerei. Das Tagesticket gilt bei Abfahrten nach 16 Uhr auch am Folgetag.

Abfahrt Theaterplatz/Augustusbrücke • Straßenbahn: Theaterplatz • Tel. 8 99 56 50 • www.stadtrundfahrt.com • tgl. 9.30–17 Uhr alle 30 Min. • Ticket 20 €, Kinder frei

MIT DER FAHRRADRIKSCHA
Umweltfreundlich und bequem gelangt man zu den Sehenswürdigkeiten auf Wegen, die Autos verwehrt bleiben. Pro Rikscha können zwei Personen mitfahren, die Gefährte findet man auf dem Neumarkt, am Schloss oder vor der Semperoper.
– Tel. 0160/92 70 86 03 • www.rikschataxi-dresden.de
– Tel. 0152/04 31 60 10 • www.city-rikscha.de
– Tel. 41 89 99 55 • www.rikscha-dresden.de
– Tel. 0152/25 47 32 42 • www.fahrradtaxi-dresden.de

MIT DEM SCHIFF
Ein historischer Schaufelraddampfer startet am Terrassenufer und fährt zur Brücke »Blaues Wunder« und zurück.
Straßenbahn: Theaterplatz oder Synagoge • Tel. 86 60 90 • www.saechsische-dampfschiffahrt.de

MIT DER STRASSENBAHN
Wer auf eigene Faust eine Stadtrundfahrt unternehmen möchte, setzt sich in die Linie 4, inoffiziell als **Kulturlinie** bezeichnet. Die mit 30 km längste Straßenbahnlinie Dresdens verbindet Laubegast mit Weinböhla und bietet Kultur und Wein.
Die Linie 9 dagegen heißt **Einkaufslinie**, da sie zwischen den beiden großen Einkaufszentren der Stadt, dem Elbe-Park im Nordwesten und dem Kaufpark Nickern im Südosten verkehrt. Mit der 9 sind aber auch die Prager Straße, die Altmarkt Galerie sowie die Hauptstraße in der Neustadt zu erreichen.

ZU FUSS
Thematische Führungen bietet **Igeltour Dresden**, z.B. »Dresden klassisch«, »In Szene gesetzt« sowie zu Kunst, Literatur, Architektur, Zeitgeschichte oder Weinwanderungen.
Neustadt • Pulsnitzer Str. 10 • 8 04 45 57 • www.igeltour-dresden.de

TELEFON
VORWAHLEN
A, CH ▸ Deutschland 00 49
Deutschland ▸ A 00 43
Deutschland ▸ CH 00 41
Dresden 03 51

TIERE
Hunde und Katzen aus Österreich und der Schweiz benötigen zur Einreise einen EU-Heimtierausweis bzw. Schweizer Heimtierausweis (stellt der Tierarzt aus) mit Nachweis einer Tollwutimpfung. Das Tier muss durch einen Mikrochip identifizierbar sein. Für Schweizer Hunde und Katzen ist zusätzlich eine Gesundheitsbescheinigung erforderlich, die ebenfalls der Tierarzt ausstellt.

VERKEHR
AUTO
Beiderseits der Elbe gibt es Fußgängerzonen. Eine Umweltzone wird Dresden nicht einführen, sondern dafür sorgen, dass der Grenzwert für Feinstaub eingehalten wird.

BERGBAHNEN
Von Loschwitz aus, verkehren zwei **Bergbahnen**: die Standseilbahn zum Weißen Hirsch und die Schwebebahn nach Oberloschwitz.

BUS UND STRASSENBAHN

Es fahren 12 **Straßenbahn**- und 28 innerstädtische **Buslinien**. Fahrscheine müssen vor Fahrtantritt erworben werden. Ein Einzelticket für eine Tarifzone und maximal eine Stunde kostet derzeit 2,20 €, für Kinder 1,50 €. Günstiger fährt man mit einer Tageskarte für eine Tarifzone für 6 €, Kinder und Senioren zahlen dafür nur 5 €. Mit der Familien-Tageskarte für 9 € dürfen zwei Erwachsene und bis zu vier Kinder 24 Stunden lang fahren.
Info: Tel. 8 57 10 11 • www.dvb.de

FÄHREN

Drei **Fähren** setzen über die Elbe: Die Autofähre und Personenfähre Kleinzschachwitz–Pillnitz, die Personenfähre Tolkewitz–Niederpoyritz und die Personenfähre Johannstadt–Neustadt.

MIETWAGEN

In Dresden sind alle internationalen Autovermieter vertreten.

REGIONALER BUSVERKEHR

Der regionale **Busverkehr** bringt seine Fahrgäste auf 70 Linien in die Umgebung.
Auskunft: Tel. 01 80/22 66 22 66 • www.vvo-online.de

S-BAHN

Die S-Bahn-Linie 1 fährt entlang der Elbe nach Meißen und in die Sächsische Schweiz mit Halt u. a. in Pirna, Stadt Wehlen, Kurort Rathen, Königstein, Bad Schandau und Schöna. Linie 2 führt vom Dresdner Flughafen nach Pirna, Linie 3 von Dresden Hauptbahnhof nach Tharandt.
Info-Hotline Tel. 8 52 65 55 • www.vvo-online.de

SCHIFF

Ein Erlebnis ist eine Schiffsreise auf der Elbe. Die **Sächsische Dampfschifffahrt** fährt zum Teil mit historischen Raddampfern stromabwärts nach Meißen und Diesbar-Seußlitz, stromaufwärts nach Pillnitz, in die Sächsische Schweiz und weiter bis in die Tschechische Republik.
Auskunft: Tel. 86 60 90 • www.saechsische-dampfschifffahrt.de

ZEITUNGEN

Die beiden Tageszeitungen »Sächsische Zeitung« (www.sz-online.de) und »Dresdner Neueste Nachrichten» (www.dnn-online.de) erscheinen von Montag bis Samstag, die Boulevardzeitung »Dresdner Morgenpost« ist täglich zu haben. Digital erscheint die »Dresdner Woche« (www.dresdnerwoche.de). Viele Veranstaltungshinweise sind im monatlichen Stadtmagazin »SAX« zu finden, das es als »cyper SAX« auch online gibt (www.cypersax.de).

ZOLL

Reisende aus Österreich dürfen Waren abgabenfrei mit nach Hause nehmen, wenn diese für den privaten Gebrauch bestimmt sind. Bestimmte Richtmengen sollten jedoch nicht überschritten werden (z. B. 800 Zigaretten, 90 l Wein, 10 kg Kaffee). Weitere Infos unter www.bmf.gv.at/zoll. Reisende aus der Schweiz dürfen Waren im Wert von 300 SFr abgabenfrei mit nach Hause nehmen, wenn diese für den privaten Gebrauch bestimmt sind. Tabakwaren und Alkohol fallen nicht unter diese Wertgrenze und bleiben in bestimmten Mengen abgabenfrei (z. B. 200 Zigaretten, 2 l Wein). Weitere Auskünfte unter www.zoll.ch.

Neustädter Markthalle

... an der Fußgängerpromenade Hauptstraße

Öffnungszeiten:
Mo bis Sa 8-20 Uhr

Orts- und Sachregister

Wird ein Begriff mehrfach aufgeführt, verweist die **halbfett** gedruckte Zahl auf die Hauptnennung. Abkürzungen: Hotel [H], Restaurant [R]

1001 Märchen 47

Abendgestaltung 40
Achat Comfort Hotel [H] 24
Albertbrücke 95
Albertinum **53**, 57
Albertplatz 53
Albrechtsburg [Meißen] 108
Alte Meister [R] 28
Alter katholischer Friedhof 54
Altes Landhaus 54
Altmarkt 54
Altstädter Wache 74
Amselfall [Sächsische Schweiz] 105
Amselgrund [Sächsische Schweiz] 105
Amselsee 105
Anreise 116
Antiquariat 36
Antiquitäten 36
Aparthotel am Zwinger [H] 25
Apotheken 120
Apps 119
Ärtze 120
Augustusbrücke **54**, 95
Ausflüge 102
Auskunft 116
Ausstellungsgebäude 65
Auto 116, **121**

Bahn 116
Bars 41
Bastei 104
Basteibrücke 104
Bayerischer Hof [H] 24
Bean & Beluga [R] 27
Bergbahnen 121
Bergschwebebahn 8, **55**
Bevölkerung 112
Bier 27
Biergärten 32
Bioprodukte 36
Birke Spezialitäten [R] 29
Blaues Wunder [MERIAN TopTen] 8, **55**
Blockhaus 60
Botanischer Garten 56
Böttger-Gedenkstele 96
Bouldercity Dresden 47

Boulevard Theater Dresden 44
Brühlsche Terrasse [MERIAN TopTen] 10, **56**, 94
Brunnentempel 54
Buchmuseum [MERIAN Tipp] **19**, 71
Buchtipps 116
Bunte Republik Neustadt [MERIAN Tipp] 18
Bürgerwiese 57
Bus 116, 120, **122**

Café Lösch [R] 32
Cafés 32
Café Saite [R] 32
Café Toscana [R] 9, **33**
Café Vis-à-Vis [R] **33**, 94
Carl-Maria-von-Weber-Museum 79
Carolabrücke 95
Carolaschlösschen [R] **31**, 100
Carolasee 101
Choleraabrunnen 74
Churfürstliche Waldschaenke [R, Moritzburg] 102
City Card 117
Clubs 41
Comödie Dresden 44

Das Carousell [R] 28
Das Nichtraucherhotel Privat [H] 25
Delikatessen 36
Delphinbrunnen 95
Denkmal für Adrian Ludwig Richter 95
Denkmal für Gottfried Semper 94
Deutsche Fotothek 71
Deutsches Hygiene-Museum 48, **79**
Diplomatische Vertretungen 117
Dom [Meißen] 108
Domherrenhäuser [Meißen] 108
Dompropstei [Meißen] 108
Dorint [H] 23
Dreikönigskirche **57**, 71

Dresden 1900 [R] 30
Dresdner Philharmonie 44
Dresdner Trödelkaffee [R] 33

Einkaufen 34
Einkehr am Palmenhaus [R] 13, **30**
Eisenbahnmuseum 80
Elbeflohmarkt [MERIAN Tipp] 17
Elbwiesen [MERIAN Tipp] 18
Erich-Kästner-Denkmal 54
Erich Kästner Museum 81
Erlebnisland Mathematik 47
Erlebniswelt Haus Meissen [Meißen] 109
Erlweinspeicher **57**, 71
Ernst-Rietschel-Denkmal 94
Eselnest 47
Essen und Trinken 26
Events 117

Fähren 122
Fährgarten Johannstadt [R] 32
Fahrradriksha 121
Familientipps 46
Fasanenschlösschen [Moritzburg] 103
Feiertage 117
Felsenbühne Rathen 105
Felsenburg Neurathen 104
Fernsehturm 57
Feste 117
Festspielhaus Hellerau 44
Festung Dresden 10, **81**
Festung Königstein 104
Finanzministerium 95
Flugzeug 116
Französischer Pavillon 77
Frauenkirche [Meißen] 108
Frauenkirche [MERIAN TopTen] 10, **58**
Freiberger Schankhaus [R] 31

Orts- und Sachregister

Freilicht-Puppentheater Sonnenhäusel 101
Fundbüro 119
Fürstengalerie 69
Fürstenzug 58

Galerie Neue Meister 11, 53, **81**
Gänsedieb [R] 32
Garnisonskirche St. Martin 58
Gedenkstätte Bautzner Straße 82
Gemäldegalerie Alte Meister [MERIAN TopTen] 14, 74, 77, 79, **82**
Geografie 112
Georg-Arnhold-Bad 48
Gesamtministerialgebäude 95
Geschichte 114
Gewandhaus 59
Gläserne Manufaktur 59
Glockenspielpavillon 63, **77**
Goldener Reiter 60
Grand Café Coselpalais [R] 11, 28
Großer Garten 60, **100**
Grünes Gewölbe [MERIAN TopTen] 14, 69, 79, **83**

Hauptbahnhof 35, **60**, 68
Hauptstraße 60
Haus Hoflößnitz [Radebeul] 106
Heinrichsbrunnen [Meißen] 108
Hellerau 62
Hellhaus [Moritzburg] 102
Hofgärtnerei 96
Holiday Inn Dresden [H] 24
Hotels 23

Innerer Matthäusfriedhof 67
Innside by Melia [H] 24
Italienisches Dörfchen [R] 15, 28, **62**, 74

Jägerhof 63
Japanisches Palais **63**, 88
Johanneum 63

Kabarett 42
Kahnaletto [R] 29
Karl-May-Museum [Radebeul] 106
Kathedrale St. Trinitatis [Hofkirche] 15, **64**, 74
Kavalierhäuschen 101
Kempinski Taschenberg Palais [H] 23
Keramik 36
Kindermuseum im Deutschen Hygiene-Museum 48
Kinos 43
Kleinbauernmuseum Reitzendorf 48
Klima 119
Kneipen 43
Kneipenrundgang [MERIAN Tipp] 17
Konditorei & Café Gradel [R] 33
Konditoreien 37
König-Johann-Denkmal 74
Konsulate 117
Konzerte 44
Krankenhaus 120
Krankenversicherung 120
Kraszewski-Museum 84
Kreuzchor-Vespern [MERIAN Tipp] 19
Kreuzkirche 64
Kronentor 77
Kügelgenhaus – Museum der Dresdner Romantik 61, **85**
Kunst 37
Kunstakademie 57, **65**
Kunst-Café Antik [R] 28
Kunstgewerbemuseum Dresden 12, **85**
Kunsthandwerk 37
Kunsthandwerkpassagen 35
Kunsthaus 85
Kunsthofpassage 35, **65**, 66
Kupferstichkabinett 69
Kuppelrestaurant in der Yenidze [R] 29

Langer Gang 73
Leonhardi-Museum 8, **86**
Lesage [R] 29
Lilienstein 104
Lingner-Schloss 66
Links 119
Lokale 43
Loschwitz 73

Loschwitzer Kirche 8, **55**
Lößnitzgrundbahn [Radebeul] 107
Luisenhof [R] **30**, 97

Mahn- und Gedenkstätte Münchner Platz 74
Marienbrücke 95
Märkte 38
Martha [H] 24
Martin-Luther-Platz 66
Mathematisch-Physikalischer Salon 77, **86**
Matthäuskirche 67
Medizinische Versorgung 120
Meißen 108
Mietwagen 122
Militärhistorisches Museum der Bundeswehr 86
Mode 39
Moritzburg [MERIAN TopTen] 102
Moritzmonument 96
Mosaikbrunnen 100
Münzkabinett 69
Museen 78
Museum für Sächsische Volkskunst 63, **87**
Museum für Völkerkunde 88
Museum Körnigreich 88
Musiktheater 44

Nachtskaten [MERIAN Tipp] 17
Nebenkosten 120
Neptunbrunnen 67
Neues Grünes Gewölbe 83
Neues Rathaus 67
Neues Ständehaus 57, **67**, 94
Neumarkt 67
Neustädter Markthalle [MERIAN Tipp] **17**, 35
NH Dresden Altmarkt [H] 25
Notruf 120
Nymphenbad 77

Palais Brühl-Marcolini 67
Palais im Großen Garten 101
Panometer 68
Panoramarestaurant Bastei [R, Bastei] 104
Parkeisenbahn 48

Parkplätze 120
Parktheater 101
Partylocations 41
Pfunds Molkerei 68
Planetendenkmal 94
Politik 113
Porzellan 39
Porzellanglockenspiel [Meißen] 108
Porzellanmanufaktur [Meißen] 109
Porzellanmuseum [Meißen] 109
Porzellansammlung 15, 77, **89**
Post 120
Prager Straße 68
Puppentheatersammlung 87

Raddampferflotte [MERIAN TopTen] 10, **68**
Radebeul 106
Rathen 104
Regionaler Busverkehr 122
Reisedokumente 120
Reisewetter 120
Religion 113
Residenzschloss **69**, 74, 79, 83
Restaurant im Hotel Schloss Eckberg [R] 28
Restaurant Kastenmeiers [R] 28
Restaurant Vincenz Richter [R, Meißen] 108
Restaurant William [R, MERIAN Tipp] 16
Restaurants 27
Ringhotel Residenz Alt Dresden [H] 25
Rosengarten 70
Rothenburger Hof [H] 25
Rüdenhof [Moritzburg] 103
Russisch-Orthodoxe Kirche 71
Rüstkammer Dresden **69**, **89**

Sachsenmarkt 38
Sächsisch-Böhmisches Bierhaus Altmarktkeller [R] 32
Sächsische Landesbibliothek – Staats- und Universitätsbibliothek (SLUB) 71
Sächsischer Landtag 71

Sächsische Schweiz 104
Sächsisches Landgestüt [Moritzburg] 103
Sächsische Staatskapelle 44
S-Bahn 122
Schaufelraddampfer [MERIAN TopTen] 10, **68**
Schauspiel 44
Schauspielhaus 72
Schiff 116, **121**
Schillerdenkmal 53
Schillergarten [R] 9, **32**
Schillerhäuschen 89
Schloss Albrechtsberg 72
Schloss Eckberg 72
Schloss Hotel Dresden-Pillnitz [H] 24
Schloss Moritzburg 102
Schlossmuseum Pillnitz 12, **90**
Schloss und Park Pillnitz [MERIAN TopTen] 12, **72**
Schloss Wackerbarth [Radebeul] 106
Schmidts Restaurant [R] 29
Schmuck 39
Schulmuseum 49
Schwedenlöcher [Sächsische Schweiz] 105
Seaside Gewandhaus Hotel [H] 24
Sehenswertes 53
Sekundogenitur 57, **73**
Semperoper [Sächsische Staatsoper, MERIAN TopTen] 14, 44, **73**, 74
Skulpturensammlung 11, 53, **90**
Societaetstheater 45, 61
Sophienkeller [R] 30
Spaziergänge 94
Sphinxgruppen 95
Spitzhaus [R, Radebeul] 106
Staatsoperette Dresden 44
Staatsschauspiel Dresden 45
Stadtführungen 120
Stadtmuseum Dresden 90
Stallhof 73
Standseilbahn 9, **73**
Stasi-Gedenkstätte 90
St.-Pauli-Ruine [MERIAN Tipp] 19

Straßenbahn 121, **122**
Swissôtel Dresden am Schloss [H] 23
Synagoge 74

Taschenbergpalais 15, **74**
Technische Sammlungen der Stadt Dresden 90
Technische Universität 74
Telefon 121
Theater Junge Generation 49
Theaterkahn Dresdner Brettl 45
Theaterplatz 14, **74**
Tiere 121
Touristeninformation 116
Türkische Cammer 89
Türkenbrunnen 63

Übernachten 22
Uhren 39

Varieté 42
Verkehr 121
Verkehrsmuseum Dresden 11, 63, **91**
Villa Bärenfett [Radebeul] 107
Villa Marie [R] 9, **29**
Villa Weltemühle [H] 25
Vorwahlen 121

Waldschlösschenbrücke 75
Waldseilpark Dresden-Bühlau 49
Wallpavillon 76
Wegzeiten 59
Wein 27, **39**
Weinbaumuseum [Radebeul] 106
Weinbergkirche »Zum heiligen Geist« 12, **75**
Weißer Hirsch 97
Wildgehege [Moritzburg] 102
Wintergarten-Café [R] 13, **30**
Wirtschaft 113
World Trade Center 76

Yenidze 76

Zeitungen 122
Zoll 122
Zoologischer Garten 76
Zwinger [MERIAN TopTen] 14, **76**, 79

     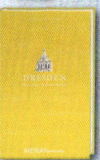

Erlesene Ziele

Auf den Spuren berühmter Persönlichkeiten

MERIAN
Die Lust am Reisen

IMPRESSUM

Liebe Leserinnen und Leser,
vielen Dank, dass Sie sich für einen Titel aus unserer Reihe MERIAN *live!* entschieden haben. Wir freuen uns, Ihre Meinung zu diesem Reiseführer zu erfahren. Bitte schreiben Sie uns an merian-live@travel-house-media.de, wenn Sie Berichtigungen und Ergänzungen haben – und natürlich auch, wenn Ihnen etwas ganz besonders gefällt.
Alle Angaben in diesem Reiseführer sind gewissenhaft geprüft. Preise, Öffnungszeiten usw. können sich aber schnell ändern. Für eventuelle Fehler übernimmt der Verlag keine Haftung.

© 2015 TRAVEL HOUSE MEDIA
  GmbH, München
MERIAN ist eine eingetragene Marke der GANSKE VERLAGSGRUPPE.

1. Auflage

Alle Rechte vorbehalten. Nachdruck, auch auszugsweise, sowie die Verbreitung durch Film, Funk, Fernsehen und Internet, durch fotomechanische Wiedergabe, Tonträger und Datenverarbeitungssysteme jeglicher Art nur mit schriftlicher Genehmigung des Verlages.

BEI INTERESSE AN DIGITALEN DATEN AUS DER MERIAN-KARTOGRAPHIE:
kartographie@travel-house-media.de

BEI INTERESSE AN MASSGESCHNEIDERTEN MERIAN-PRODUKTEN:
Tel. 0 89/4 50 00 99 12
veronica.reisenegger@travel-house-media.de

BEI INTERESSE AN ANZEIGEN:
KV Kommunalverlag GmbH & Co KG
Tel. 0 89/9 28 09 60
info@kommunal-verlag.de

TRAVEL HOUSE MEDIA
Postfach 86 03 66
81630 München
merian-live@travel-house-media.de
www.merian.de

VERLAGSLEITUNG
Michaela Lienemann
REDAKTION
Sylvia Hasselbach
LEKTORAT UND SATZ
bookwise, München
BILDREDAKTION
Dr. Nafsika Mylona
HERSTELLUNG
Gloria Schlayer, Bettina Häfele
REIHENGESTALTUNG
La Voilà, Marion Blomeyer & Alexandra Rusitschka, München und Leipzig (Coverkonzept, Ergänzungen, Innenteil)
Independent Medien Design, Horst Moser, München (Innenteil)
KARTEN
Kunth Verlag GmbH & Co. KG für MERIAN-Kartographie
DRUCK UND BINDUNG
Firmengruppe APPL, aprinta druck, Wemding

Ein Unternehmen der
GANSKE VERLAGSGRUPPE

PEFC/04-32-0928

BILDNACHWEIS
Titelbild (Blick auf Residenzschloss, Katholische Hofkirche und Augustusbrücke):
Bildagentur Huber: S. Raccanello
alamy 7o • Bildagentur Huber: Gräfenhain 11 • Bilderberg: U. Boettcher 52 • bpk/Staatliche Kunstsammlungen Dresden: H. Krass 87 • ddp images: N. Millauer 84,105, N. Millauer/dapd 15 • Deutsche Fotothek: R. Peter (CC BY-SA 3.0 DE) 115l • dpa Picture-Alliance 99, A. Franke 6, 83, M. Hiekel 7u, R. Hirschberger 9 • Dresdner Kreuzchor 65, 19 • fotolia.com 56 • gemeinfrei 114l, 114r • Hotel Taschenbergpalais 22 • imago: U. Hässler 115r • INTERFOTO: imageBROKER/E. Wrba 62 • JAHRESZEITEN VERLAG 4, M. Bassler 29, F. Bolk 33, J. Diehl 2, 34, GourmetPictureGuide 31, G. Lengler 18, 49, W. Schmitz 26, 45, 61, 13, L. Spörl 16, 96 • laif: J. Glaescher 46, G. Lengler 110/111, Kirchner 101, 103, P. Rigaud 112, D. Schmid 55, 88, G. Westrich 92/93 • look-foto 80, H. Wohner 50/51, E. Wrba 20/21 • mauritius images: alamy 17, 38, Super Stock 40 • Raddampferflotte 7m, 69 • Schapowalow: Atlantide 75 • Verkehrsmuseum Dresden 91 • VISUM: S. Döring 78 • B. Wurlitzer 37, 70